《小小冒险家》编辑部 编绘

手绘中国简史

CHINA HISTORY

·画在地图上的历史风云·

中国铁道出版社有限公司
CHINA RAILWAY PUBLISHING HOUSE CO., LTD.

献给
充满好奇心的
小朋友们

小朋友，你想要来一场精彩的历史之旅吗？让我们翻开这本精美的手绘书，一起看看那些过去的故事吧。

我们知道，历史讲述的是过去的故事，虽然无法重现，但是历史故事是发生在具体的地方的。在地图上展示历史故事，非常有助于我们去理解历史。

从遥远的上古时代到最后的皇朝清朝，从强盛的大一统王朝到纷争不断的战乱时代，从军事防御的万里长城到对外贸易的丝绸之路……这本书都通过最直观的地图为你一一展现。

为了让小朋友们更好地利用这本书，我们做了以下几方面的努力。

- 超大开本，为你详尽地展示地图之美
- 精美的手绘图，为你插上畅想的翅膀
- 简练的词条解释，为你介绍历史的要点
- 清晰的时间轴，为你理清时间的脉络
- 古今城市名称对照，更易读懂图

小朋友们，准备好了吗？

探索之旅开始啦！

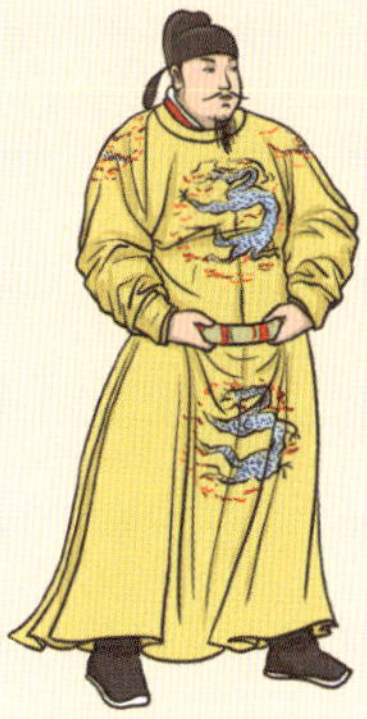

目录

上古时期

中国上古时期一般指夏以前的时期，因为上古时期没有当时直接的文字记载，那个时候发生的事件或人物一般无法直接考证，往往带有神话色彩。相传炎帝和黄帝是当时最大的部落联盟首领，在他们的统治下形成了华夏民族。

元谋人

旧石器时代 / 南方 / 距今约 170 万年

元谋人是目前我国已知最早的远古居民。为了生存下去，元谋人便使用粗陋的石器捕猎野兽。他们是我国境内已知最早能制造工具和使用火的原始人类。

北京人

旧石器时代 / 北方 / 距今约 70 万年至 20 万年

北京人还保留了猿的某些特征，但手脚分工明显，能制造和使用工具，会使用天然火，还会保存火种。他们往往几十个人在一起，共同劳动，共同分享劳动果实，过着群居生活。这就形成了早期的原始社会。

山顶洞人

旧石器时代 / 北方 / 距今约 3 万年

山顶洞人处于母系氏族时期，按母系血统确立亲属关系。他们会人工取火，靠采集、狩猎为生，会捕鱼，还会缝制衣服。他们能走到很远的地方同别的原始人群交换生活用品，死后要埋葬。

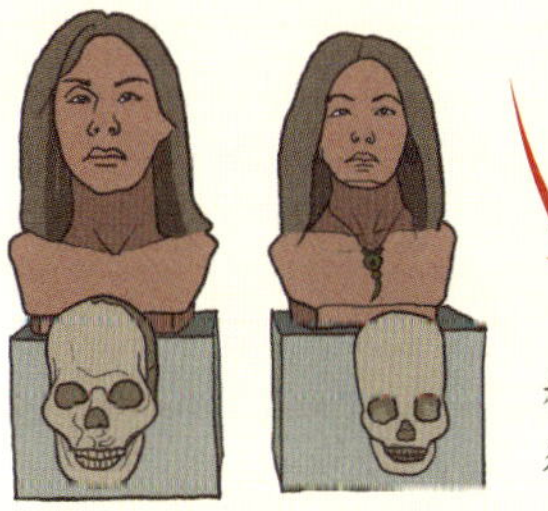

河姆渡文化

新石器时代 / 长江下游 / 距今 8000 年至 7000 年

先民们过定居生活，住干栏式房屋，用船、筏载人和物，使用刀、锤、铲等木器，栽培人工水稻，饲养猪、狗和水牛等牲畜，还会挖掘水井和制作黑陶和玉器。

仰韶文化

新石器时代 / 黄河中游 / 距今 7000 年至 5000 年

全国已发掘仰韶文化遗址有五千多处，以半坡遗址最有名。先民们多居住半地穴式的泥草混合的房屋，种植粟类作物，制陶业发达，彩陶花纹丰富。

龙山文化

新石器时代 / 黄河下游 / 距今 5000 年至 4000 年

从大汶口文化发展到龙山文化，中原地区出现了比较繁荣的人类社会。先民们会制造精美的陶器、石器、玉器，尤其以光亮精美的黑陶最有名。他们种植粟，饲养家畜，进行渔猎。龙山文化已经进入父系社会，而且出现了最早的铜器。

红山文化

新石器时代 / 北方地区 / 距今约 5000 年

红山人初期处于母系氏族社会的全盛时期，晚期逐渐向父系氏族过渡。居民主要从事农业，还饲养猪、牛、羊等家畜，兼事渔猎。他们会制造很多种石器和花纹丰富的彩陶，玉雕工艺水平较高。

丝绸之路

“丝绸之路”是一条起始于古代中国，连接亚洲、非洲和欧洲的古代商业贸易路线。它是一个穿越山川沙漠且没有标识的道路网络，丝绸只是众多货物中的一种。古代的商人、使者们通过这条路线来往于东西方各国，各种文化、科技也通过这条路线得到广泛的传播。

张骞

中国西汉杰出的探险家。他在公元前 138 年奉汉武帝之命出使西域，是丝绸之路的开拓者。他将中原文明传播至西域，又把葡萄、苜蓿、石榴等西域物种引进到中原。

班超

东汉时期著名的军事家、探险家。他在公元 73 年跟随窦固出击北匈奴，并奉命出使西域，重新打通隔绝半个多世纪的丝绸之路。他在公元 97 年派使者前往罗马帝国，一直到达地中海沿岸，这也是中原王朝的官员到过的最西边的地方。

玄奘

唐代著名高僧，被后人尊称为“三藏法师”。他曾为了探究佛教学说理论，独自一人沿着丝绸之路西行五万里，前往印度佛教中心那烂陀寺取真经。他将自己西游的亲身经历和见闻编写成《大唐西域记》，我们熟知的《西游记》就是以他取经的事迹为原型创作的。

马可·波罗

马可·波罗是威尼斯旅行家、商人。他通过丝绸之路来到中国，并将自己在中国的所见所闻记录在了《马可·波罗游记》里。这本书第一次较全面地向欧洲人介绍了发达的中国物质文明和精神文明，将地大物博、文教昌明的中国形象展示在世人面前。

海上丝绸之路

古代中国与世界其他地区进行交流的海上通道。它形成于秦汉时期，是世界上最古老的海上航线。它从中国东南沿海出发，穿过印度洋最终抵达非洲和欧洲，推动了沿线各国的共同发展。

汗血宝马
驼
张骞
西汉探险家
丝绸之路的开拓者
匈奴人
曾长期控制河西走廊
张骞第一次出使西域时
在河西走廊被匈奴人
抓住居留了整整十年
莫高窟
嘉峪关
西夏大佛寺
祁
连
山
河
西
走
廊
河
黄
大雁塔
玄奘
唐代高僧
经丝绸之路中线
徒步去往天竺取经
丝绸
瓷器
经丝绸之路去往西域的名人
和从中国传出的物品

京杭大运河

京杭大运河是世界上里程最长、工程最大的古代运河，是中国古代三项伟大工程之一，且使用至今。大运河南起余杭（今杭州），北到涿郡（今北京），全长约1797千米。运河对中国南北地区之间的经济、文化发展与交流，特别是对沿线地区经济的发展起了巨大作用。春秋吴国为伐齐国而始开凿，开凿到现在已有2500多年的历史。隋朝大幅度扩修并贯通至都城洛阳且连涿郡，元朝翻修时弃洛阳而取直至北京。

隋炀帝与琼花

相传隋朝时，扬州有一种十分绮丽的花——琼花。隋炀帝听说了它的美丽后，就决定去赏花。于是他动用大量人力，开凿了著名的隋朝大运河，并乘豪华龙舟前往。可是琼花讨厌这位暴虐的君主，就自行败落，不让隋炀帝看。

漕运

漕运是利用水道调运粮食的一种专业运输。运送粮食的目的是供宫廷消费、百官俸禄、军饷支付和民食调剂。

中国运河文化博物馆

它位于山东聊城，是国内第一座以运河文化为主题的大型专题博物馆。主体建筑独特雄伟，远看就像一只巨大的漕船，在运河里乘风破浪，昂首前行。该馆全方位、多角度地收藏、保护和研究运河文化，反映和展示运河的古老历史、自然风貌和乡土人情。

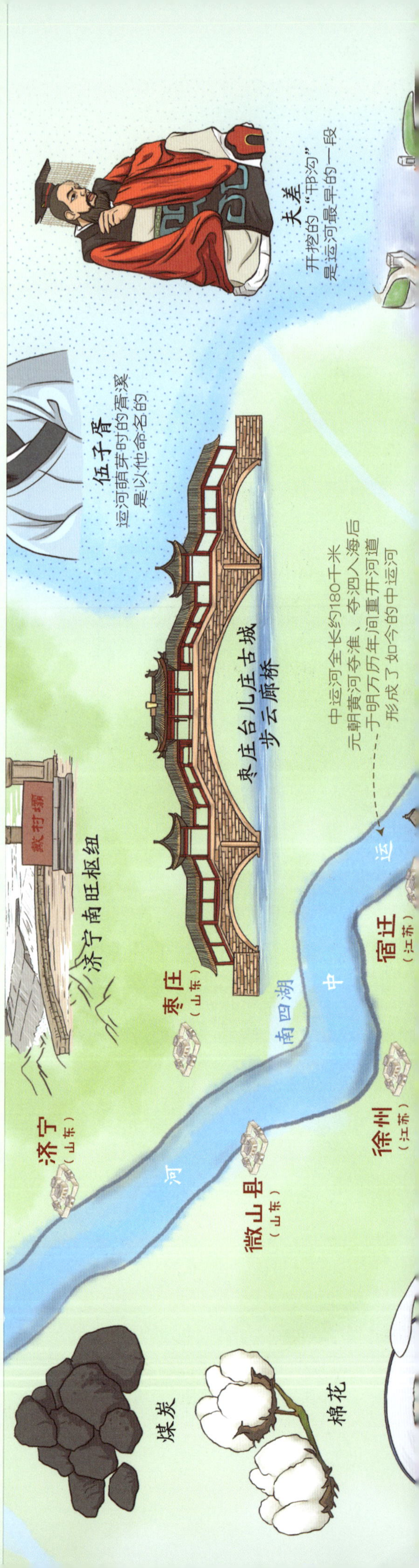

糖
盐
高邮镇国寺
淮安清口枢纽
木材
洪泽湖
淮
扬
运
河
淮扬运河也叫里运河
全长约170千米
是最早开凿的一段运河
可追溯至公元前486年
吴王夫差开凿的邗沟
苏州寒山寺
姑苏城外寒山寺
夜半钟声到客船
陶瓷
茶叶
丝绸
扬州
（江苏）
镇江
（江苏）
常州
（江苏）
扬州邵伯铁牛
江南运河全长约320千米
是京杭大运河最繁忙的一段
据说早在春秋战国时期
就已初成规模
苏州
（江苏）
无锡
（江苏）
竹筐
粮食
运河上运送的主要物资
无锡清名桥
太湖
嘉兴
（浙江）
嘉兴长虹桥
运河进入浙江的
标志建筑
杭州拱宸桥
京杭大运河的南端终点
杭州
（浙江）
钱
塘
江
长
江

万里长城

长城是中国古代的军事防御工程，是一种很长的墙体防御建筑，非常雄伟壮观。长城修筑的历史可上溯到西周时期。春秋战国时期列国争霸，互相防守，纷纷进行修筑，但此时修筑的长度都比较短。秦统一天下后，秦始皇连接和修缮战国长城，始有万里长城之称。明朝是最后一个大修长城的朝代，今天人们所看到的长城多是此时修筑。

孟姜女哭长城

相传秦始皇建长城时，劳役繁重，青年男女范喜良、孟姜女新婚三天，范喜良就被迫出发修筑长城，不久因饥寒劳累而死，尸骨被埋在长城墙下。孟姜女历尽艰辛，万里寻夫来到长城边，得到的却是丈夫死亡的噩耗。她在城下痛哭，七天七夜不止，这段长城突然坍塌，露出了范喜良的尸骸，孟姜女将他安葬。

定城砖的传说

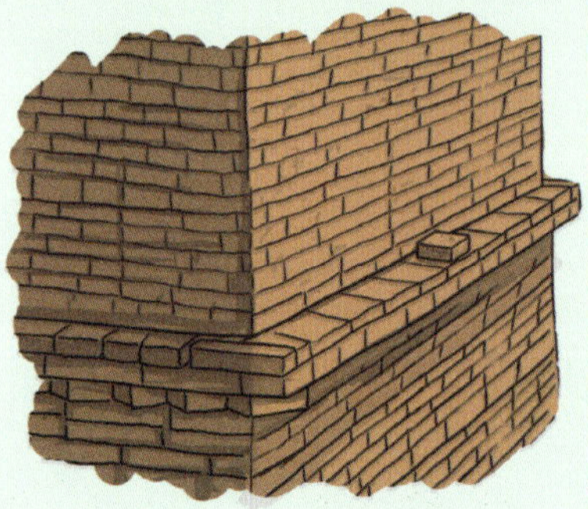

相传主持修建关城的工匠易开占精通九九算法，所有建筑只要经他计算，用工用料十分准确和节省。修嘉峪关时，易开占详细计算后说：“需要九万九千九百九十九块砖。”监督修关的监事官说：“如果多一块或少一块，都要砍掉你的头，罚众工匠劳役三年。”竣工后，只剩下一块砖，放置在西瓮城门楼后檐台上。监事官发觉后，想借此克扣易开占和众工匠的工钱，易开占却说：“那块砖是神仙所放，是定城砖，如果搬动，城楼便会塌掉。”监事官一听，不敢再追究。从此，这块砖就一直放在原地，谁也不敢搬动。现在，此砖仍保留在嘉峪关城楼上。

不到长城非好汉

“不到长城非好汉”是指不登临长城关口就不是英雄。它出自毛泽东1935年所写的一首词《清平乐·六盘山》，反映了中华民族的一种精神气魄，一种积极向上的奋斗精神。

八达岭长城
万里长城的精华段
著名的旅游风景区
喜峰口长城
地势易守难攻
抗日战争时期这里
发生了著名的喜峰口战役
辽
东
边
墙
沈阳
虎山长城
丹东
独石口
境门
家口
土木堡
居庸关
承德
黄崖关
山海关
九门口长城
唯一一段建在河上的长城
北京
城
紫荆关
型关
戚继光
明朝抗倭名将
金山岭长城就是他主持修筑的
他还发明了空心敌台
老龙头
明长城的东部入海处
集山、海、关、城于一体
隋炀帝
先后两次修缮长城
明英宗
土木堡之变被瓦剌所俘

夏朝

约前 2070 年—前 1600 年

都城：阳城、斟鄩等

中国第一个世袭制王朝

夏朝是中国史书中记载的第一个世袭制朝代。约公元前 2070 年，禹建立了夏王朝，他死后，他的儿子启凭借强大的势力继承了他的位置，取代了禹选定的继承人伯益，开创了中国近 4000 年世袭的先河。后人常以“华夏”自称。

大事

甲 禹建夏朝

约公元前2070年，禹结束了部落联盟的局面，建立了夏王朝，标志着中国早期国家的产生。禹征服三苗，筑都阳城，制定各种制度，社会生产有了很大的发展。禹本来想传位伯益，却被自己的儿子启继位，从此世袭制代替了禅让制。

乙 太康失国

夏启死后，其子太康即位。太康只顾游玩，不理政事，在位期间，夏王朝权威削弱。东夷有位善射的首领羿（即后羿）借太康外出狩猎数月不归之时，控制了夏朝政权。这就是史书上称作“太康失国”的故事。

丙 少康中兴

少康也叫杜康。他是太康弟弟仲康的孙子，父亲姒相遇难后他的母亲逃至有仍氏家里避难生下了他。他历经民间疾苦，深知为政之道，积极复兴夏王朝，最终消灭了反对势力，恢复了夏朝统治，史称“少康中兴”。

丁 夏桀暴政

夏桀名履癸，是夏朝的最后一个君王，也是历史上著名的暴君之一。相传他文武双全，但荒淫无度，暴虐无道。后被商汤打败并俘获，放逐于南巢，数年后死于南巢。

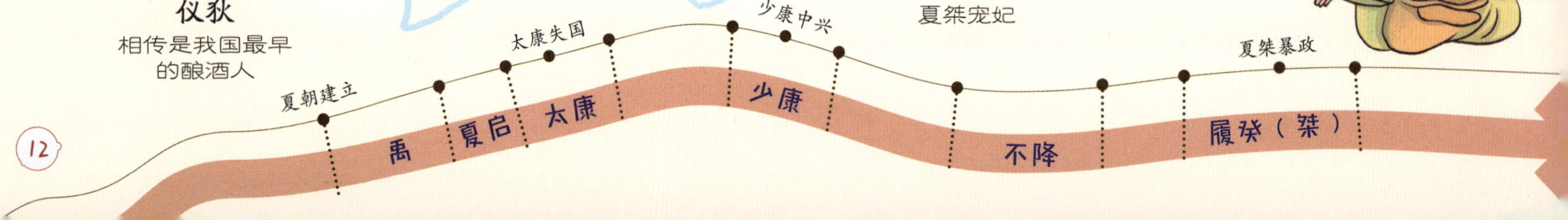

商朝

约前 1600 年—前 1046 年

都城：亳、殷等

中国第一个有同时期文字记载的王朝

商汤率诸侯国于鸣条之战灭夏后在亳建立商朝。之后，商朝国都频繁迁移，直到盘庚迁殷后，国都才稳定下来，所以商朝又称为“殷商”。商朝的农业和手工业比较发达，青铜器的冶炼技术很高超，器具华贵精美。这一时期的甲骨文是目前发现的中国最早的成熟文字。

大事

甲 成汤建商

商汤原是夏朝属国商国的君主，后来灭了夏朝，成为商朝的开国君主。

乙 盘庚迁都

盘庚是商朝一位很有作为的君主。他为了改变当时社会不安定的局面，决心将都城迁到殷(今天的河南安阳)。迁都后，盘庚整顿商朝的政治，发展经济，让衰落的商朝出现复兴的局面。

丙 商纣王暴政

纣王只知道自己享乐，根本不管人民死活。他不仅建造了多处豪华的宫殿，还到处搜刮金银珠宝，和宠姬妲己过着酒池肉林的生活，甚至用炮烙等酷刑来镇压人民，非常残暴。

丁 牧野之战

牧野之战又称“武王伐纣”，是周武王灭亡商朝的战役。

成汤建商 — 商汤
伊尹摄政 — 太甲
盘庚迁都 — 盘庚
青铜铸造业发达 — 武丁
牧野之战 — 帝辛（纣）

西周

约前 1046 年—前 771 年

都城：镐京、丰京

等级森严的朝代

西周是中国远古社会的鼎盛时期。从西周开始，境内各个民族与部落不断融合，在这期间，华夏族逐步形成，成为现代汉民族的前身。西周后期社会矛盾包括统治集团内部矛盾日趋激化，对土地和政权的争夺，加速了西周的灭亡。公元前 771 年，周幽王被犬戎杀死，西周灭亡了。

名人

① 周文王

周文王叫作姬昌，是周朝的奠基者。他继承了西伯侯之位，随后称王。他在位期间勤于政事，广罗人才，是中国历史上的一代明君。

② 姜子牙

姜子牙出身低微，前半生漂泊不定、困顿不堪，却满腹经纶、壮志凌云。他 72 岁时在渭水之滨钓鱼，不用诱饵，钓竿也不垂到水里，却遇到了求贤若渴的周文王。这就是“姜太公钓鱼，愿者上钩”的来源。后来他辅佐文王，兴邦立国，又帮助周武王灭掉了商朝。

③ 周武王

周武王叫作姬发，是周文王的儿子，也是西周的开国君主。他继位后，进一步整顿内政，增强军力，国力日益强盛。随后，武王开始伐纣，在牧野之战中灭亡了商朝。

④ 周穆王

周穆王在位 55 年，是西周在位时间最长的君主。他在位时作的《吕刑》，是中国流传下来最早的法典。

⑤ 周幽王

周幽王是西周的最后一位君主。

武王伐纣 前 1046 年 — 分封诸侯 — 前 1042 年 — 周公辅政 — 前 1020 年 — 成康之治 — 前 995 年 — 前 976 年 — 前 922 年

周武王 | 周成王 | 周康王 | 周昭王 | 周穆王 | 周共王

鬼方

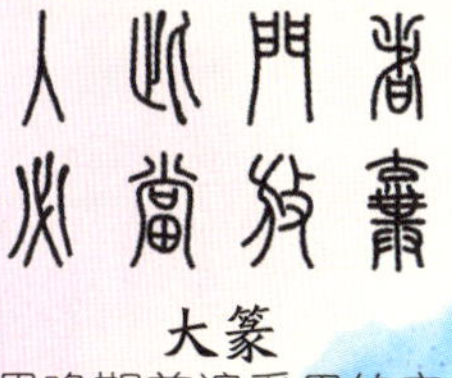

大篆

西周晚期普遍采用的字体

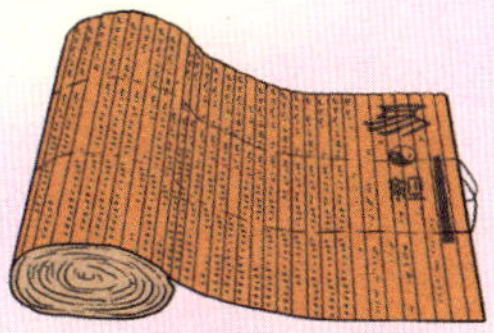

《周易》

相传是周文王所作

学校

贵族八岁入小学

十五岁入大学

乡下学校为庠

《诗经》

收录了很多

西周的诗歌

《周礼》

汇集了周代的

礼仪制度

等级制

西周的等级制度

非常森严

燕 蓟

齐 营丘

卫 沬

鲁 曲阜

宋 商丘

淮夷

吴 蕃离

水

水

奴隶

西周奴隶制非常盛行

毛公鼎

西周晚期青铜器

散氏盘

西周晚期青铜器

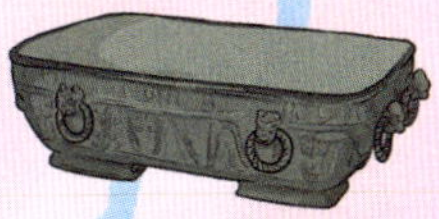

虢季子白盘

周朝盛水器

中国国家博物馆

镇馆之宝

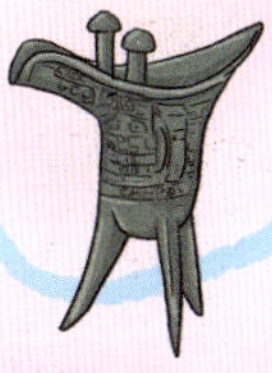

盂爵

西周早期青铜礼器

大事

甲 分封制和宗法制

西周时国家实行分封制，而分封制的基础则是宗法，宗法的主要内容是嫡长子继承制。周王的嫡长子（正妻所生的长子）立为太子，其他王子多分封为诸侯，诸侯在自己的封疆内，又对卿大夫实行再分封，卿大夫再将土地和人民分赐给士。

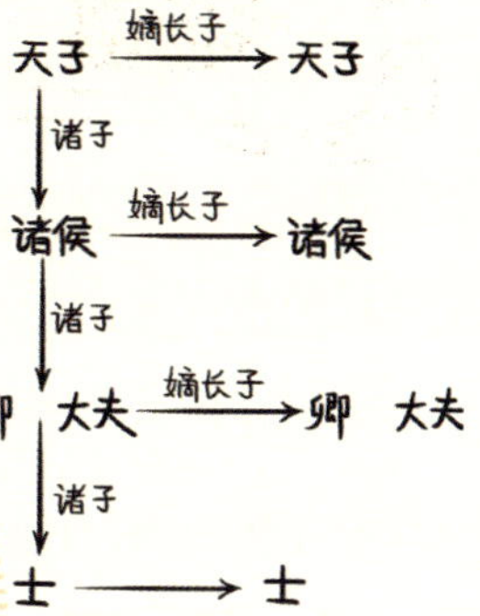

乙 周公辅政

周武王建立了周朝后，过了两年就害病死了。他的儿子周成王继承王位时才13岁，于是由武王的弟弟周公辅助成王掌管国家大事，实际上是代理天子的职权。

丙 国人暴动

公元前841年，因不满周厉王的暴政，镐京的“国人”集结起来，手持棍棒、农具，围攻王宫，要杀周厉王。周厉王带领亲信逃离镐京，并于公元前828年病死。此时国家无主，周公和召公根据贵族们的推举，暂时代理政事。

丁 烽火戏诸侯

周幽王有一个非常美貌的妃子叫褒姒，褒姒不爱笑。周幽王为博褒姒一笑，就点燃烽火，戏弄诸侯，褒姒看了果然哈哈大笑。周幽王很高兴，因而又多次点燃烽火，诸侯们渐渐都不相信了。后来犬戎来犯，周幽王点燃烽火召集诸侯援救，诸侯却没有前来援救，周幽王就被杀死了。

前899年 | 周懿王 | 前891年 | 周孝王 | 前885年 | 周夷王 | 前877年 | 周厉王 | 国人暴动 前841年 | 共和执政 | 前827年 | 周宣王 | 前781年 | 周幽王 | 烽火戏诸侯 | 西周灭亡 前771年

春秋

前 770 年—前 476 年

都城：洛邑

中国奴隶社会的瓦解时期

春秋时期周天子的势力减弱，诸侯群雄纷争，齐桓公、晋文公、宋襄公、秦穆公、楚庄王相继称霸，史称春秋五霸。除了战争，这一时期也是中国文化大发展的时期，出现了很多伟大的思想家、政治家和军事家。

春秋著名思想家

邓析 “名辨之学”倡始人

老子 道家学派创始人

管仲 法家代表人物

孙武 兵家的代表人物 尊称兵圣或孙子

墨子 墨家学派的创始人

孔子 详见本页右下角

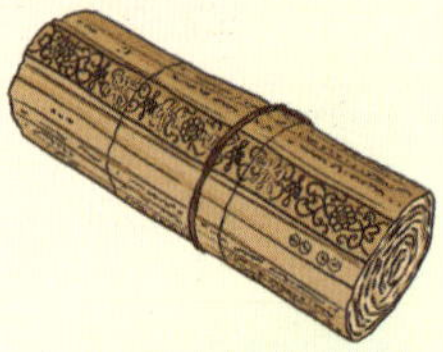

《孙子兵法》
孙武所著
被誉为“兵学圣典”

《左传》
左丘明为《春秋》做注解的一部史书

《春秋》
周朝时期鲁国的国史

哈雷彗星
春秋时期已有记录

春秋铁器
春秋后期发明了生铁自炼技术

河 水　晋 绛　秦 雍　周 成周 今洛阳　汉 水　楚 郢 今荆　江

名人

1 齐桓公

齐桓公是春秋五霸之首，是姜太公的第十二代孙，名叫姜小白。

2 宋襄公

宋襄公以仁义著称，虽然是春秋五霸之一，但他并没有真正得到过诸侯霸主的地位。

3 晋文公

晋文公也是春秋五霸之一。他谦虚好学，善于结交有才能的人。

4 秦穆公

秦穆公为秦统一中国奠定了基石，是春秋五霸之一。

5 楚庄王

楚庄王多次征战，最终问鼎中原，成为春秋五霸之一。

6 勾践

越王勾践败给吴王夫差后，立志发愤图强，他怕自己贪图舒适的生活，消磨了报仇的志气，晚上就枕着兵器，睡在稻草堆上，在房子里挂上一只苦胆，每天早上起来后就尝尝苦胆，经过十年的艰苦奋斗，越国终于兵精粮足，灭掉了吴国。

周平王迁都洛邑 前 770 年 — 前 719 年 — 郑国崛起 — 前 696 年 — 前 681 年 — 齐桓公称霸 前 679 年 — 前 676 年 — 前 673 年 — 前 652 年 — 晋文公称霸 前 632 年

周平王 | 周桓王 | 周庄王 | 周釐王 | 周惠王 | 周襄王

大事

甲 城濮之战

城濮之战是指公元前632年，晋、楚两国在魏国城濮地区进行的战争。晋文公兑现当年流亡楚国许下的“退避三舍”诺言，令晋军后退，避楚军锋芒。楚军统帅子玉不顾楚成王告诫率军冒进，结果大败。这也是中国历史上最早有记载的战例。

乙 晏子使楚

晏子是齐国大夫，他聪颖机智，能言善辩，以有政治远见、卓越的外交才能和作风朴素闻名。晏子出使楚国的时候，楚王三次侮辱他，想显示楚国的威风，都被他巧妙回击，维护了自己和国家的尊严。

丙 孔子周游

孔子是中国著名的大思想家、大教育家，是儒家学派的创始人。他曾周游列国14年，晚年修订了《诗》《书》《礼》《易》《乐》《春秋》六经。相传他有弟子三千，去世后，弟子及再传弟子把他及他弟子的言行语录和思想记录下来，整理编成了儒家经典《论语》。

义的 襄公 | 前619年 | 前613年 | 前607年 | 楚庄王称霸 前597年 | 前586年 | 前572年 | 前545年 | 前520年 | 孔子周游列国 前496年 | 越王勾践卧薪尝胆 | 前477年 | 前469年

周顷王 | 周匡王 | 周定王 | 周简王 | 周灵王 | 周景王 | 周敬王 | 周元王

战国

前 475 年—前 221 年

中国历史大变革时期

经过春秋时期旷日持久的争霸战争，周王朝境内的诸侯国数量大大减少，形成了战国七雄的格局。这七国分别是：燕、赵、魏、韩、楚、秦、齐。此外，还存在着宋国、卫国等国，但其实力远不及战国七雄，只能在它们的夹缝中生存，且最终为七雄所灭。周王室名义上为天下共主，实际上已形同灭亡。诸侯国互相攻伐，战争不断。

名人

① 秦孝公

孝公是秦国国君，他重用商鞅进行变法，使秦国变得强盛。

② 魏惠王

又称梁惠王，处于战国前期，在位 52 年。在位期间迁都大梁，兴建鸿沟，重用庞涓，和齐威王在徐州会盟称王，当时魏国是战国七雄中最强大的国家。

③ 楚怀王

怀王是楚国国君，早期破格任用屈原等人进行改革，扩充疆土。后期被秦昭襄王扣押，胁迫其割地。但他为国家利益，拒不割地，最终客死于秦。

④ 赵武灵王

赵武灵王是赵国君主，他即位时，赵国国力不强，受中原大国欺侮和周边游牧民族的骚扰。后来，他推行“胡服骑射”政策，改革军事装备和作战方法，赵国得以强盛。

越灭吴 前 473 年 — 前 469 年 — 三家分晋 前 453 年 — 前 441 年 — 前 426 年 — 前 402 年 — 前 376 年 — 前 369 年 — 商鞅变法 前 356 年

周贞定王 | 周考王 | 周威烈王 | 周安王 | 周显王

大事

甲 商鞅变法

秦孝公即位后，寻求改革，重用商鞅，采用了废井田、重农桑、奖军功、统一度量和建立县制等发展策略，让秦国得到有力发展，军队战斗力不断加强。

乙 田忌赛马

军事奇才孙膑逃亡到齐国时，被大将军田忌收为门客。在一次赛马时，孙膑向田忌提出了以下马对上马、以上马对中马、以中马对下马的赛马法，使田忌赢得了对阵齐威王的比赛。后来，孙膑得到齐威王的重用。

丙 合纵连横

战国七雄外交关系复杂，出现了合纵和连横的政策。合纵是想联合多个弱国抵抗一个强国，以防止强国的兼并。连横的目的在于侍奉一个强国以为靠山从而进攻另外一些弱国，实现兼并。当时最著名的纵横家是苏秦和张仪。

丁 纸上谈兵

赵国名将赵奢的儿子赵括，年轻时学兵法，谈起兵事来父亲也难不倒他。后来他接替廉颇为将，在长平之战中，只知根据兵书办，不知变通，结果被秦军大败。

戊 战国四公子

战国末期，秦国越来越强大，各诸侯国贵族为了对付秦国，竭力网罗人才，以养“士”著称的有魏国的信陵君魏无忌、赵国的平原君赵胜、楚国的春申君黄歇、齐国的孟尝君田文，后人称之为“战国四公子”。

己 荆轲刺秦

荆轲受燕国太子丹所托，要去刺杀秦王嬴政。临行前，太子丹等人为荆轲送行，荆轲给大家唱了一首歌：“风萧萧兮易水寒，壮士一去兮不复还。”荆轲来到秦国后，秦王召见了他。荆轲把匕首藏在献给秦王的地图里，但最终行刺失败，被秦王侍卫所杀。

- 围魏救赵 前 353 年
- 前 321 年
- 五国攻秦 前 318 年
- 齐燕相争 齐楚结盟 前 316 年
- 前 315 年
- 完璧归赵 前 283 年
- 楚国迁都 日渐衰落 前 278 年
- 燕赵之争 前 271 年
- 长平之战 纸上谈兵 前 260 年
- 毛遂自荐 前 257 年
- 前 256 年
- 荆轲刺秦 前 227 年
- 秦统一六国 前 221 年

周赧王

秦朝

前 221 年—前 207 年

都城：咸阳

中国历史上第一个大一统王朝

战国后期，秦国逐步吞并了其他国家，结束了五百多年的诸侯分裂割据局面，成为中国历史上第一个大一统王朝。秦朝创立了皇帝制、郡县制，建立了相对完善的中央和地方政治制度。此外，秦朝还统一文字、货币和度量衡，修筑了万里长城，对中国历史发展具有深远的影响。

名人

① 秦始皇

秦始皇是中国历史上一位富有传奇色彩的划时代人物，把中国推向了大一统时代，奠定中国两千余年政治制度的基本格局。他认为自己的功劳胜过之前的三皇五帝，所以采用了“皇帝”的称号，自称“始皇帝”。

② 蒙恬

蒙恬是秦始皇时期的著名将领。他出身名将世家，自幼胸怀大志。秦统一后，蒙恬率三十万大军北击匈奴，收复河南地，又率军修筑了万里长城和秦直道。他是中国西北最早的开发者，也是古代开发宁夏第一人。

③ 李斯

李斯是秦朝著名丞相，帮助秦始皇建立了许多制度。但秦始皇死后，他与赵高合谋，伪造遗诏，立了胡亥为二世皇帝。后为赵高所忌，于前 208 年被杀。

④ 秦二世

秦二世名为胡亥，在赵高与李斯的帮助下，杀死兄弟姐妹二十多人，当上了秦朝的皇帝。他毫无父亲秦始皇的雄才伟略，但残暴奢侈有过之而无不及。不久，激起了陈胜、吴广起义，被赵高逼迫自杀。

统一六国 前 221 年
修建驰道 前 220 年
北击匈奴 前 215 年
修筑长城 前 214 年
焚书坑儒 前 212 年
前 210 年
逼死扶苏 登上帝位 前 210 年
陈胜、吴广起义 前 209 年
前 207 年
秦朝灭亡

秦始皇　秦二世　太子婴

甲 修筑长城

秦朝统一天下后，秦始皇连接和修缮战国各国长城，筑起了“西起临洮，东至辽东，蜿蜒一万余里”的长城。自此，有了万里长城之称。

乙 徐福东渡

徐福是秦朝著名方士（修炼功法炼丹的人），博学多才，曾担任秦始皇的御医。据传他率“童男童女三千人”和“百工”，携带“五谷子种”，乘船出海为秦始皇求取仙药，但是一去不返，是迄今有史记载的东渡第一人。

丙 焚书坑儒

为了维护封建专制，秦始皇下令焚烧多种书籍，严禁谈论国家政策，禁止私人办学。这种措施引起许多读书人的不满，秦始皇便将460多名方士和儒生挖大坑活埋。

丁 指鹿为马

赵高想篡夺政权，担心大臣不听从他，就设下圈套试探。他带来一只鹿献给秦二世说：“这是一匹马。”二世笑着说：“丞相错了吧？您把鹿说成是马。”问身边的大臣，有的沉默，有的故意迎合赵高说是马，有的说是鹿，赵高就在暗中陷害那些说是鹿的人。

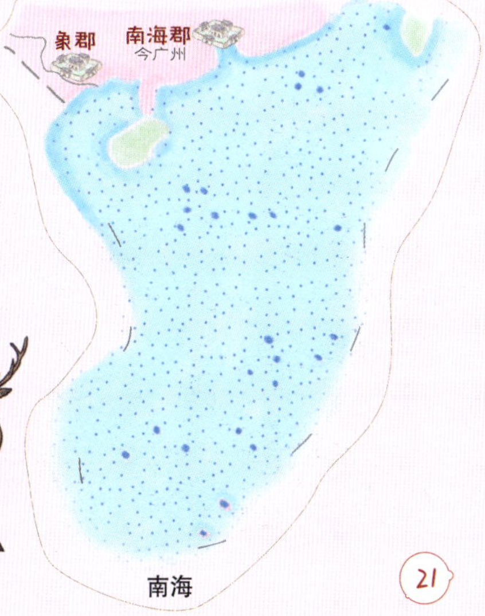

楚汉之争

前 206 年—前 202 年

楚军、汉军争夺政权的战争

秦朝的暴政引发了秦末农民大起义，最终被推翻了统治。楚汉之争是秦朝灭亡后西楚霸王项羽、汉王刘邦为争夺帝位而进行的大规模战争。战争以项羽败亡，刘邦建立西汉王朝而告终。

1 陈胜、吴广大泽乡起义

秦二世昏庸荒淫，致使天下越发困疲，最终引发了秦末农民大起义。公元前 209 年，陈胜、吴广首先在大泽乡发动起义，建立“张楚”政权，陈胜自称楚王，一时间天下群雄纷纷响应。九月，项梁、项羽叔侄发动会稽起义，项梁自号武信君；同月，刘邦于沛县起兵响应，称沛公。

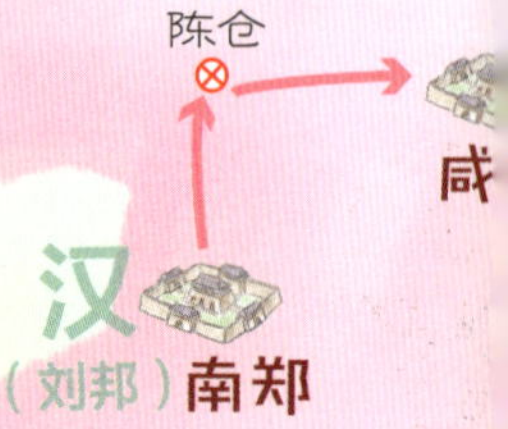

2 刘邦入关，约法三章

陈胜、吴广起义失败后，公元前 208 年二月，项梁召集楚地各路义军首领于薛县议事，刘邦亦率部归附项梁。公元前 207 年十月，刘邦攻入咸阳，除去秦朝的苛法，与关中父老约法三章：杀人者要处死，伤人者要抵罪，盗窃者也要判罪。刘邦笼络了关中地区的民心。

3 项羽破釜沉舟，巨鹿之战以少胜多

公元前 208 年，项羽率楚军渡过黄河（一说为漳水），命令全军破釜沉舟，烧掉帐篷，只带三日粮，以示不胜则死的决心，以迅雷不及掩耳之势直奔巨鹿，击败了章邯，围困巨鹿的秦军就这样瓦解了。

4 刘邦入汉中，项羽摆鸿门宴

依据“先入定关中者王之”的约定，刘邦理应称关中之王；但项羽自认为功劳最大，率 40 余万大军入关，想消灭刘邦军。刘邦军不足 10 万，于是退出咸阳，竭力拉拢项羽的叔父项伯为他调解，并亲赴鸿门参加宴席谢罪，表示归顺，项羽决心动摇，放走了刘邦。

5 项羽称霸，分封诸侯

项羽凭借手中掌握的 40 万军队，自立为西楚霸王，建都彭城，以霸主的身份将全国分成 18 个王国，分封诸侯、部将和降将为王。他把劲敌刘邦封为汉王，将秦朝流放罪人的巴蜀封给了他，以降将章邯、司马欣予以钳制。

6 明修栈道，暗度陈仓

刘邦在去封地途中烧毁了栈道，以防被偷袭和向项羽示意无外侵的意愿。在具备了一定的实力后，便想要与项羽一争，陈仓是刘邦进入关中的必经之地。刘邦表面让樊哙带领一万人去修五百里栈道，而精锐部队摸着无人知晓的小道翻山越岭偷袭了陈仓，顺利挺进到关中，站稳了脚跟。

7 彭城之战，刘邦惨败

刘邦以项羽杀义帝楚怀王为口实，联络各地诸侯攻打楚国，但楚军依靠项羽坚毅果敢的指挥，在半日之内以3万之师击溃汉军56万之众，刘邦遭到了自起兵以来的最大的惨败。依附于刘邦的诸侯纷纷背汉投楚，刘邦只好收集残部，退守荥阳。

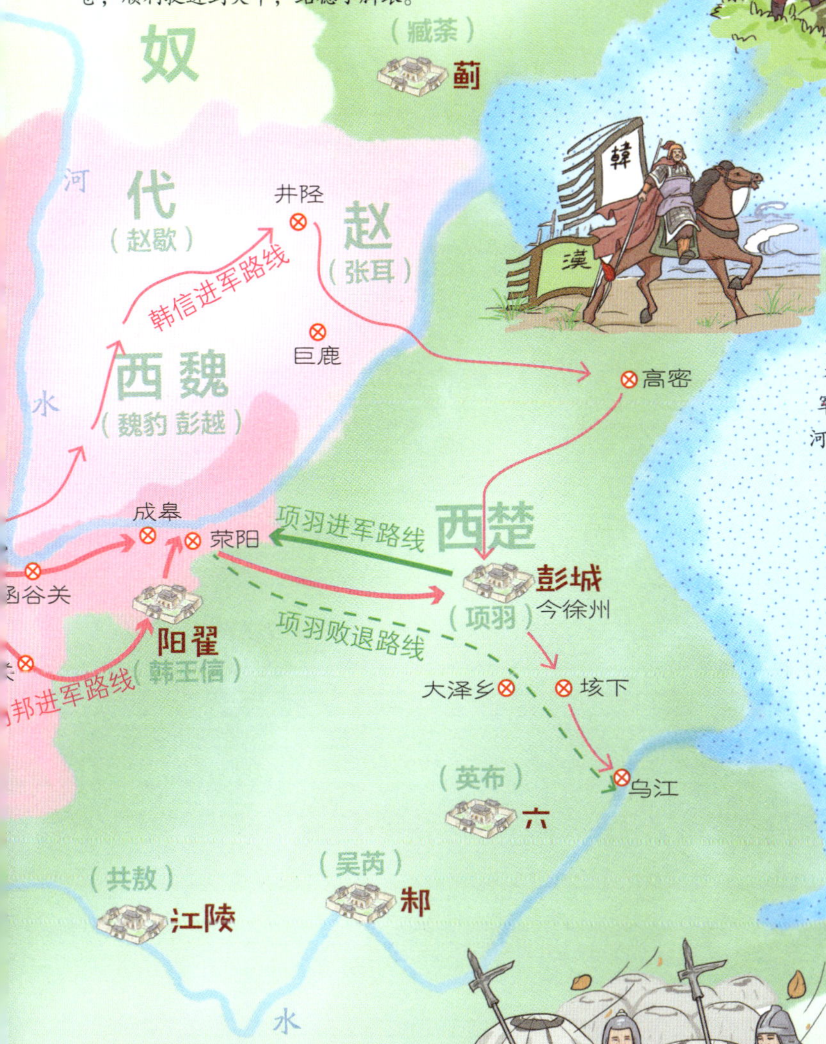

8 背水一战

公元前205年十月，韩信领军与楚国的羽翼赵国战于井陉口。韩信只带了一万二千人马，他将一万人驻扎在河边背水列阵。另外派两千轻骑潜伏在赵军军营周围。交战后，赵国二十万大军向河边杀来。汉军面临大敌，后无退路，只能拼死奋战。这时潜伏的士兵乘虚攻进赵营，赵军遭到前后夹击，很快被韩信打败。

9 鸿沟之约

公元前203年八月，楚军粮尽，项羽被迫议和，刘邦也没能调来援军，于是双方订立和约“中分天下”，以鸿沟（古运河）为界，东归楚、西属汉，两军休兵罢战。

10 汉军十面埋伏，垓下之战四面楚歌

刘邦采取十面埋伏的战术把项羽围困在垓下，并命汉军夜间高唱楚歌，项羽和楚军听了，越来越怀念自己的家乡，以为汉军已经得到了楚地，于是士气渐渐崩溃。

11 霸王别姬

项羽有一个爱姬叫虞姬，容颜倾城，才艺并重，舞姿美艳，跟随项羽多年。垓下之战时，项羽知道大势已去，他催促爱妃穿戴战袍，随他杀出重围，但虞姬不愿拖累项羽，抽出项羽腰上佩剑，自刎身死。

12 乌江自刎

项羽率800余骑兵趁夜突围南逃，天明后刘邦方才发觉，于是派灌婴率数千骑兵追击。项羽逃到乌江时，乌江亭长力劝项羽过江，以图东山再起，项羽自觉无颜见江东父老，不肯渡江，接着在力杀汉军数百人后，自刎而死。

西汉

前 202 年—公元 9 年

都城：长安

中国历史上的第一个黄金时期

西汉是中国历史上第二个大一统王朝，由刘邦通过楚汉战争击败项羽而建立。它在经过几代皇帝的用心经营后出现了“文景之治”的盛世局面，汉武帝远击匈奴的成功更让它的声望到达顶峰。它在文化、科技等领域都有着辉煌的成就，丝绸之路的开辟加强了东西方的交流。我们今天所说的汉族、汉字等都与这个朝代有着密切的联系。

名人

① 汉高祖

刘邦从一个小官到开创汉朝，得益于他善于用人，打败了强大的项羽。登基后，他却杀了韩信、彭越等功臣。吃了白登之围的教训后，他与匈奴和亲。

② 吕后

吕后是中国历史上第一位皇后，行使了多年的皇帝职权。

③ 汉文帝

汉文帝和他的儿子汉景帝统治时期，通过减税等形式给老百姓减轻负担，出现了“文景之治”的盛世局面，社会安定，百姓富足，国家的粮仓丰满。

④ 汉武帝

汉武帝在位 54 年，文治武功名垂青史。他对内巩固皇权，设立十三州刺史，手下有董仲舒、司马相如、桑弘羊、东方朔等一大批文臣。对外开疆拓土，征伐匈奴，开辟丝绸之路。他开创了汉武盛世。

⑤ 卫青

西汉时期的名将，还是汉武帝的小舅子。他曾多次成功抗击匈奴，首次出征就奇袭龙城，揭开了汉匈战争反败为胜的序幕。在位时，官至大司马大将军。

⑥ 王莽

王莽篡汉，做了 16 年新朝皇帝，强推改制却引发了农民起义。

前 202 年 白马之盟 白登之围 汉高祖
前 195 年 吕后当政
前 180 年 贾谊写《过秦论》 废除肉刑 汉文帝
前 157 年 周亚夫平七国之乱 汉景帝
前 141 年 张骞出使西域 置十三州刺史 反击匈 汉武帝

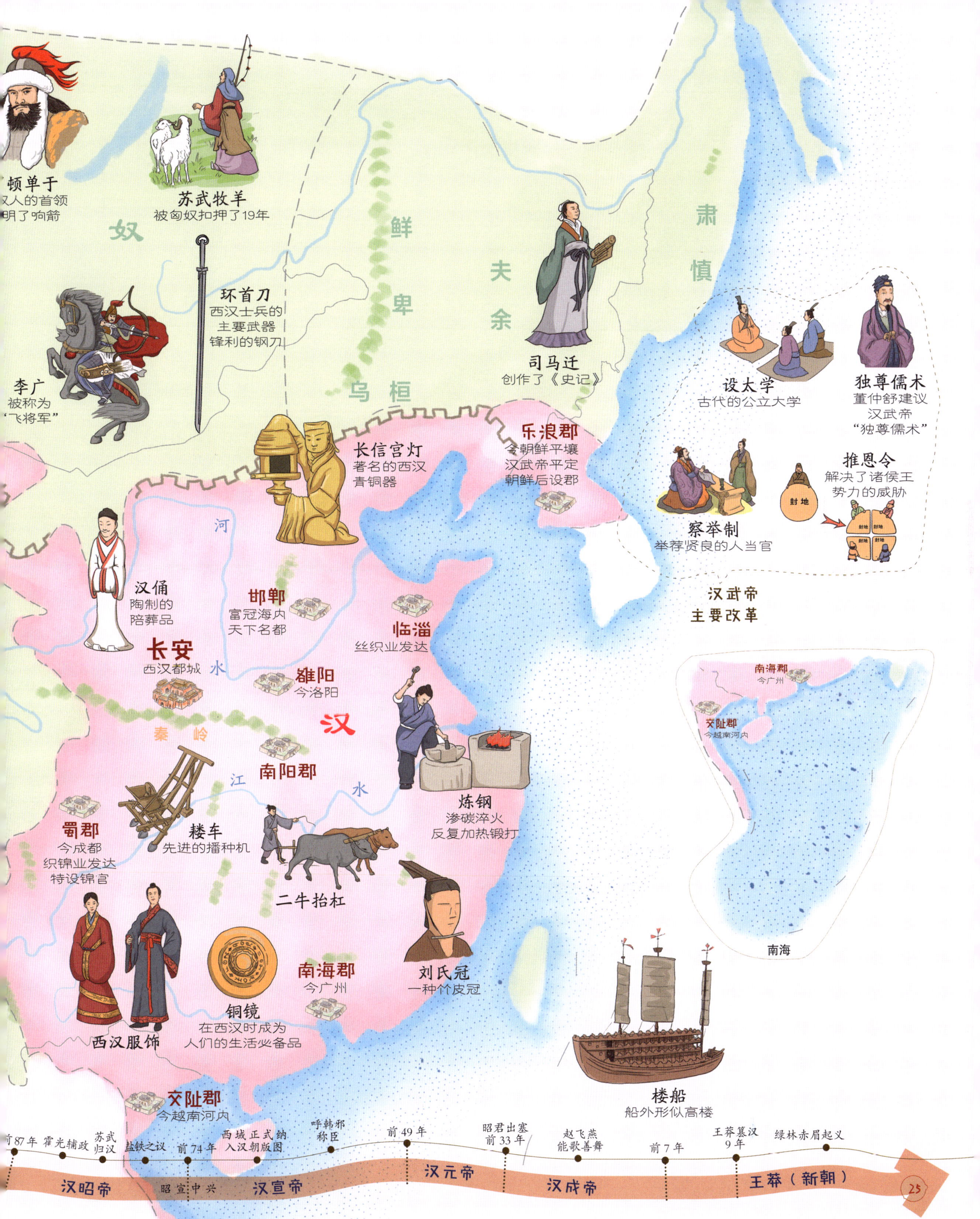
顿单于
人的首领
明了响箭
苏武牧羊
被匈奴扣押了19年
奴
鲜
卑
夫
余
肃
慎
司马迁
创作了《史记》
环首刀
西汉士兵的
主要武器
锋利的钢刀
李广
被称为
“飞将军”
乌 桓
设太学
古代的公立大学
独尊儒术
董仲舒建议
汉武帝
“独尊儒术”
乐浪郡
令朝鲜平壤
汉武帝平定
朝鲜后设郡
长信宫灯
著名的西汉
青铜器
推恩令
解决了诸侯王
势力的威胁
封地
察举制
举荐贤良的人当官
汉武帝
主要改革
河
汉俑
陶制的
陪葬品
邯郸
富冠海内
天下名都
临淄
丝织业发达
长安
西汉都城
水
雒阳
今洛阳
汉
秦 岭
南阳郡
江
水
南海郡
今广州
交阯郡
今越南河内
南海
炼钢
渗碳淬火
反复加热锻打
蜀郡
今成都
织锦业发达
特设锦官
耧车
先进的播种机
二牛抬杠
刘氏冠
一种竹皮冠
西汉服饰
铜镜
在西汉时成为
人们的生活必备品
南海郡
今广州
楼船
船外形似高楼
交阯郡
今越南河内
前87年
霍光辅政
苏武归汉
盐铁之议
前74年
西域正式纳入汉朝版图
呼韩邪称臣
前49年
昭君出塞
前33年
赵飞燕能歌善舞
前7年
王莽篡汉
9年
绿林赤眉起义
汉昭帝
昭宣中兴
汉宣帝
汉元帝
汉成帝
王莽（新朝）

东汉

25 年—220 年

都城：洛阳

西汉之后辉煌的大一统王朝

刘秀称帝后建立的汉朝，定都在洛阳。由于洛阳在长安的东边，为区别刘邦建立的汉朝，称之为“东汉”。东汉在文化、科技、军事等方面都有显著成就，佛教在此期间传入中国，道教也于东汉时期形成。但这一时期豪强地主势力扩张形成门阀士族，对后世产生深远影响。

名人

① 汉光武帝

汉光武帝刘秀是西汉王室宗亲，也是东汉开国皇帝。他在位期间，整治官场风气，大力发展经济，大兴儒学，开创了“光武中兴”的盛世。

② 汉明帝和汉章帝

汉明帝时，西出西域，南定哀牢，修建中国第一座佛寺白马寺。汉章帝为政宽和，注重农桑，两度派班超出使西域。其统治与汉明帝共称“明章之治”。

③ 窦固

东汉名将，窦固为朝廷讨破匈奴，击降车师，为西域重归东汉的统治立下了赫赫战功。其叔父窦融为东汉开国名臣。其宗亲窦宪也曾打破北匈奴，成为东汉权臣。

④ 汉和帝

汉和帝刘肇即位后，养母窦太后临朝称制。后来，他联合宦官扫灭窦氏戚族，亲政后使东汉国力达到极盛，称为“永元之隆”。

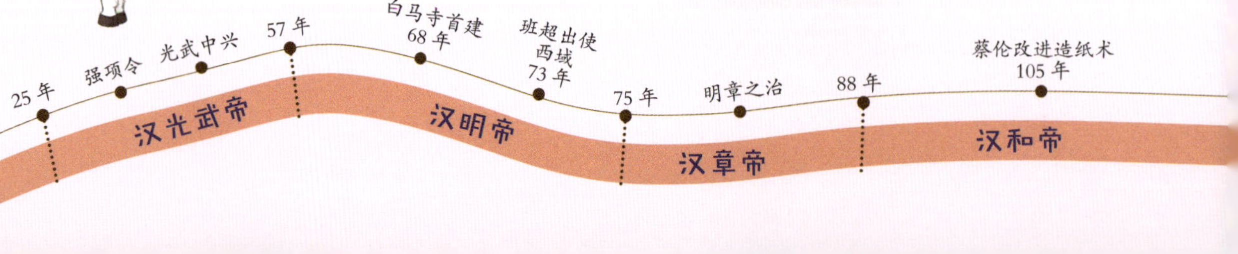

麻沸散
佗创制的
麻醉药
十二生肖
东汉时已有
十二生肖的记载
神農本草經
《神农本草经》
中医四大经典著作之一
东汉时集结成书
卑
夫
挹
娄
余
杜诗制水排
利用水力鼓动
风箱的工具
张衡
东汉天文学家
发明家、文学家
浑天仪
张衡改进的
一种测量天体
天象的仪器
焦尾琴
中国古代四大名琴之一
高句丽
乐浪郡
蔡伦造纸
蔡伦出身宦官，他在总结以往人们造纸经验的基础上改进了造纸术，造出了廉价的“蔡侯纸”。蔡伦的造纸术被列入“中国四大发明”。
河
白马寺
位于洛阳东部
是佛教传入中国后
兴建的第一座
官办寺院
临淄
水
佛教
东汉明帝时
传入中国
雒阳
今洛阳
东汉都城
汉
秦
岭
吴
今苏州
成都
江
水
南海郡
今广州
交趾郡
今越南河内
蜀锦
四大名锦之一
东汉时很兴盛
道教
中国本土宗教
东汉时黄老道形成
班固
著名史学家
撰写了《汉书》
益州郡
今昆明
南海郡
今广州
南海
交趾郡
今越南河内
张衡发明
候风地动仪
132 年
106 年
125 年
146 年
168 年
黄巾起义
184 年
董卓之乱
群雄割据
189 年
220 年
汉安帝
汉顺帝
汉桓帝
汉灵帝
汉献帝

汉朝简史

甲 汉殿论功

在经过四年的楚汉战争后，公元前 202 年，刘邦建立汉朝，定都长安。刘邦论功定封，封了七个异姓王和一百多个列侯，形成了汉初的并行制。

乙 七国之乱

汉景帝时，为加强中央集权，削弱诸侯王势力，由此引发七国之乱，后来汉朝和梁国平定了叛乱。

丙 张骞出使西域

汉武帝派张骞两次出使西域，打通了汉朝和西域的通道。后人正是沿着他的足迹，走出了誉满全球的“丝绸之路”。

丁 霍去病西征

汉武帝时期，派卫青和霍去病北击匈奴，将匈奴驱逐至漠北。霍去病用兵灵活，善于长途奔袭。他 17 岁就大破匈奴，21 岁封狼居胥，堪称天才。

戊 盐铁会议

汉昭帝召开了一场关于官营还是私营的大型辩论会。而后被整理成了影响千古的《盐铁论》。

己 昭君出塞

王昭君是中国古代四大美女之一，她奉汉元帝命与匈奴的呼韩邪单于和亲。昭君出塞后的几十年里，汉匈两家一直保持着和平友好的关系。如今，呼和浩特的青冢经常有人来缅怀她为民族团结所做的贡献。

庚 王莽篡汉

西汉后期，朝政越来越腐败。公元9年，外戚王莽夺取政权，建立新朝，汉朝灭亡。

辛 绿林赤眉起义

王莽篡汉后，采取了一系列的变革，加剧了社会的动荡，引发了各地农民起义。其中势力较大的有绿林军和赤眉军。王莽政权很快就被推翻了。借势绿林军的刘汉皇族后裔刘秀势力迅速壮大，最后建立东汉。刘秀就是汉光武帝。

壬 强项令

湖阳公主的仆人杀了人，被洛阳县令董宣处死了，公主向光武帝告状。董宣说："皇上放纵奴仆杀害良民，怎样治理天下呢？我自己了断吧。"就用头撞柱子。光武帝刘秀令人拉住他，让他给公主磕头道歉，但董宣死也不肯磕头。皇帝十分欣赏他的耿直，赏了他三十万钱。

癸 班超经营西域

汉明帝初年，北匈奴一再胁迫西域各国出兵，掠夺东汉的河西等地。73年，明帝派遣班超出使西域，镇抚西域各国，西域与汉断绝65年的关系至此恢复。直到102年，班超才从西域返回洛阳。

子 跋扈将军

东汉中期以后，皇帝大多年幼，外戚宦官交替专权，严重动摇了东汉的统治。外戚梁翼先后立过3个皇帝，独揽朝政20余年。他一家人全都当官封侯，横行霸道，各地上贡朝廷的物品先要送到他家后才敢献给皇帝。汉质帝说他是"跋扈将军"，梁翼就把皇帝毒死了。

丑 黄巾起义

东汉末年，走投无路的贫苦农民纷纷揭竿而起，他们头扎黄巾，高喊"苍天已死，黄天当立，岁在甲子，天下大吉"的口号，向官僚地主发动了猛烈攻击。虽然最终起义以失败而告终，但为平息叛乱，各地拥兵自重，东汉政权元气大伤。

汉末群雄

群雄并立，互相兼并的时期

东汉末年，朝政日益衰败。黄巾起义爆发后，崛起了许多地方豪强。他们在讨伐黄巾军过程中发展自身势力，割据一方，形成了汉末群雄争霸的局面。他们互相征伐吞并，经过官渡之战、赤壁之战等战役后，逐渐形成曹操、孙权、刘备三大势力并立的局面。

1 董卓之乱

189年，董卓率兵进入洛阳，废了汉少帝，立刘协为帝，独揽朝政。第二年，关东诸侯推袁绍为盟主，讨伐董卓。董卓失败后，挟持刘协西迁长安。走之前，董卓的士卒大肆烧杀抢掠，洛阳周围二百里内尽成瓦砾。

2 桃园三结义

东汉末年，朝政腐败，人民生活非常困苦。刘备有意拯救百姓，关羽、张飞又愿与刘备共同干一番事业。三人情投意合，选定张飞庄后一桃园结义。此时正值桃花盛开，景色美丽，他们准备了祭品，焚香礼拜，三个人按年岁认了兄弟。刘备年长做了大哥，关羽第二，张飞最小，做了弟弟。

3 割据江东

孙坚是春秋时期军事家孙武的后裔，曾参与讨伐黄巾军以及讨伐董卓的战役。他和儿子孙策、孙权通过努力，成为割据江东一带的军阀，是仅次于曹魏的第二大政权。

5 望梅止渴

曹操带兵攻打宛城（今河南南阳）时，部队行军长途跋涉，路上又找不到取水的地方，士兵们都很口渴。曹操为了不耽误行军，指着前面一个小山包说："前面就有一大片梅林，结了许多梅子，又甜又酸，可以用来解渴。"士兵们听后，嘴里都流出口水，加紧行军，终于到达了有水源的地方。

4 挟天子以令诸侯

董卓之乱后，汉献帝历尽千辛万苦回到了首都洛阳，曹操在得到这一消息后，想方设法把皇帝从洛阳接到了自己的根据地，并把这个皇帝客客气气地供奉起来，利用皇帝这张牌来号令天下和诸侯。

6 煮酒论英雄

刘备参与了反曹操的政治联盟。有一次曹操请刘备喝酒，问刘备现在天下谁是英雄。刘备说了好几个当时有名的人物，曹操都不认同，反而说：“天下英雄，就只有你和我而已！”刘备以为身份败露，吓得筷子都掉在了地上。刚好天上打了个雷，曹操以为刘备是胆小鬼，所以放过刘备，没有杀他。

7 官渡之战

200年，曹操军与袁绍军相峙于官渡，在此展开战略决战。曹操奇袭袁军在乌巢的粮仓，继而击溃袁军主力。此战奠定了曹操统一中国北方的基础，也是中国历史上著名的以弱胜强的战役之一。

8 三顾茅庐

刘备听说诸葛亮很有学识，又有才能，就去请诸葛亮出山辅佐他。恰巧诸葛亮这天出去了。不久，刘备又第二次去请，不料诸葛亮又出外闲游去了。刘备第三次访诸葛亮时，诸葛亮正在睡觉。刘备不敢惊动他，一直站到诸葛亮自己醒来，才彼此坐下谈话。诸葛亮见刘备有志替国家做事，而且诚恳地请他帮助，就出山全力帮助刘备。

9 赤壁之战

208年，孙权、刘备联合抗曹。曹军不善水战，庞统假意投奔曹操后，建议曹军船只用铁索连在一起抵御风浪。诸葛亮推测出东风将至，周瑜让黄盖带数十条装满柴草的船假装投降。快接近曹军时，黄盖点燃柴草，火借风势向魏军烧去。曹军本不熟水性，船又连在了一起，死伤无数。

10 白衣渡江

东吴吕蒙抱病，推荐陆逊接手军队事务。陆逊的名声不显，加上托书示弱，关羽不再防备江东，将荆州大部分兵马调走。吕蒙派士兵伪装成客商，骗过荆州守军，长驱直入，白衣渡江，兵不血刃，夺取了荆州。

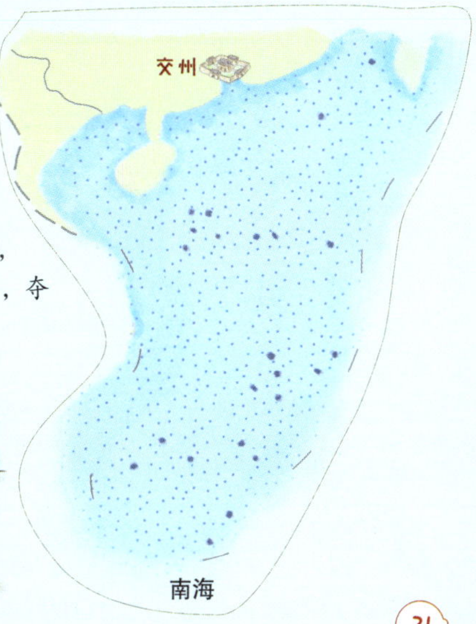

三国

220 年— 280 年

都城：洛阳、成都、建业

魏、蜀、吴三分天下

从公元 220 年起，在我国历史上先后建立了曹魏、蜀汉、东吴三个国家，它们三分东汉州郡之地，各霸一方，互相对峙，这种政治局面称为“三国鼎立”。

1 曹丕称帝

220 年，曹操病死。死后，曹丕继位魏王和丞相，掌管大权。曹丕的亲信华歆率领文武百官联名上书，劝汉献帝把帝位让给魏王曹丕。为了保住性命，汉献帝不得不把皇帝的玉玺交给曹丕。曹丕登坛受禅称帝，立国号为大魏，史称曹魏。

2 刘备称帝，夷陵之战惨败

221 年，刘备称帝后，以替关羽报仇为由，挥兵东征东吴孙权，气势强劲。孙权求和不成后，决定一面向曹魏求和，一面派陆逊率军应战。陆逊用“火烧连营”的策略，于 222 年在夷陵一带打败了刘备。夷陵之战的惨败，使蜀汉继关羽失荆州后又一次实力大损。

三国各势力文臣武将

魏国	蜀国	吴国
谋士：荀彧、荀攸、贾诩、程昱、司马懿	文臣：诸葛亮、庞统、法正、蒋琬	都督：周瑜、鲁肃、吕蒙、陆逊
武将：曹洪、夏侯惇、乐进、张辽、张郃	武将：关羽、张飞、黄忠、马超、赵云、姜维	武将：甘宁、程普、凌统、黄盖、丁奉

3 刘备托孤

223 年，刘备病情加重，把诸葛亮召到白帝城，对他说：“你的才能要十倍于曹丕，必能安定国家，最终成就大事。若我儿子可以辅佐的话就辅佐他，如果他不能成材的话你就自己称帝吧。”诸葛亮哭着说道：“我一定尽我所能辅佐少主，精忠为国，死而后已！”

4 诸葛亮南征

蜀国大臣朱褒、雍闿、高定等叛变，南中豪强孟获也参与其中。诸葛亮为了平定叛乱，对南中蛮族发动了战争。诸葛亮亲率大军南下，平定南中，曾七擒孟获又将其释放。从此南中蛮族归心，不再叛乱。

5 诸葛亮北伐

诸葛亮为了匡扶汉室，统一中原，从228年春至234年冬先后兵出汉中，对曹魏发动了五次战争，但因为各种原因都失败了。因长期积劳成疾，在第五次北伐中，诸葛亮心力交瘁病逝于五丈原。诸葛亮死后，蜀军全军退回汉中。

6 孙权称帝

229年，孙权在武昌称帝，立国号为吴，大赦天下，迁都建业。孙权称帝，是三国鼎立局面正式形成的标志。三国之中，尽管孙权称帝最晚，但从割据江东起计算，却是历时最久的。

7 司马夺权

司马懿成功地阻遏诸葛亮进攻和平定辽东，威望益高，权势日重。他以年老多病为由辞职，韬光养晦，暗养心腹死士，又和太尉蒋济配合，于249年发动兵谏，独揽军政大权。曹魏政权已是名存实亡，司马氏至此完成代魏准备。

8 邓艾破蜀

263年，魏国兴兵18万，开始攻打蜀国。经过一番征战，魏军成功地夺取了汉中这个军事要地。之后，魏军主力与蜀军在剑阁相持不下。魏将邓艾抄小路直接打到成都。最后，刘禅投降，蜀汉政权至此覆灭。

9 三分归一

266年，司马昭之子司马炎称帝，公开以晋代魏，加紧灭吴准备。蜀汉已灭，吴国唇亡齿寒，加之政治腐败，致使人心背离。晋经过长达八年的准备，于279年十一月至次年三月，发兵20万余人，以空前规模的水陆军协同作战，直取建业，一举灭吴。

西晋

266 年—316 年

都城：洛阳

三国后短暂的大一统王朝

司马炎于 266 年取代曹魏政权建立新政权，建国号为晋，定都于洛阳，史称“西晋”。280 年晋朝灭孙吴，结束了三国鼎立的分裂局面，重新统一全国。西晋是个短命王朝，制度上缺乏独创性，政权维持仅 51 年就被匈奴所灭。

名人

① 晋武帝

晋武帝就是司马炎，他逼迫魏元帝曹奂禅让给自己，建立了西晋。他消灭东吴，平定秦凉，统一全国。他在位期间，重视用人，减免徭役，经济繁荣，史称“太康之治”。

② 石崇

石崇是西晋大臣、富商，早年靠打劫商人致富。他曾与司马炎的舅父王恺斗富，王恺饭后用糖水洗锅，他便用蜡烛当柴烧；王恺做了四十里的紫丝布步障，他便做五十里的锦步障；王恺用赤石脂涂墙壁，他便用椒泥涂屋……

③ 晋惠帝

晋惠帝名叫司马衷，是司马炎次子。他糊涂痴呆，世称“白痴皇帝”。有一年闹灾荒，老百姓没饭吃，到处都有饿死的人。有人把情况报告给他，但他却说：“没有饭吃，他们为什么不吃肉粥呢？”

成语典故：卧冰求鲤

王祥早年丧母，继母朱氏并不养他，还总是让他打扫牛棚。一年冬天，朱氏生病想吃鲤鱼，但因天寒河水冰冻，无法捕捉，王祥便赤身卧于冰上，忽然间冰化开，从裂缝处跃出两条鲤鱼。他的举动，在十里乡村传为佳话，人们都称赞王祥是人间少有的孝子。

建立西晋 266 年
楼船破吴 统一全国 280 年
晋武帝
王恺石崇斗富
290 年
八王之乱 291 年

大事

甲 颁布《泰始律》

由贾充、羊祜、杜预、裴楷等人修编，晋武帝颁布，这部法律结构规范，量刑较宽，对东晋和南朝的法律影响深远。

乙 北方各族内迁

西晋统治时期，北方少数民族不断向中原内地迁徙，逐渐盘踞长城内外一带，势力不断壮大。

丙 狗尾续貂

赵王司马伦废掉晋惠帝，自称皇帝，他为了笼络朝臣，扩大自己的势力范围，大封文武百官。当时规定，王侯大臣都戴用貂尾装饰的帽子，所以一时貂尾都不够用，所以只好用狗尾来代替，人们就据此编了民谣：“貂不足，狗尾续。”用来讽刺朝廷。

丁 八王之乱

一场西晋皇族为争夺中央政权而引发的内乱，使当时社会经济遭到严重的破坏，导致了西晋亡国，以及近300年的动荡。

东晋

317 年—420 年

都城：建康

与十六国并存的战乱时期

东晋是由西晋宗室司马睿南迁后在建康建立起来的政权。东晋与十六国并存，彼此征战不断，民不聊生。东晋虽非中国史上政权强盛的时代，却是文学、艺术极兴盛的时代。都城建康成为文化中心，吸引了许多东南亚、南亚的佛教僧侣及商人前来。

名人

①晋元帝

司马睿是东晋开国皇帝，即晋元帝。他登上皇位后，重用王导。随后王导势力渐渐庞大，司马睿无法动摇，忧愤去世。

②苻坚

苻坚是前秦君主，在位前期励精图治，重用汉人王猛，推行一系列政策，令国家强盛起来。他一度统一北方，与东晋南北对峙。

③谢安

东晋宰相，出身士族，和书法家王羲之是好朋友。谢安在当时的士大夫阶层中有很高的名望，但他不愿为官，宁愿隐居在会稽东山，到了四十岁才出来做官，并赢得了淝水之战的胜利，为东晋立下大功，成语“东山再起”就是来自他的故事。

④后赵高祖

石勒是后赵的建立者，中国历史上唯一一个奴隶皇帝，曾令后赵成为当时北方最强的国家。

东晋建立 317 年 | 322 年 | 325 年 | 石勒称帝 330 年 | 342 年 | 344 年 | 王羲之作《兰亭序》353 年 | 桓温北伐 354 年 | 苻坚即位 357 年

晋元帝 | 晋明帝 | 晋成帝 | 晋康帝 | 晋穆帝

甲 桓温北伐

桓温是东晋驸马，曾三次北伐。但除了第二次北伐成功收复洛阳，其余两次皆被击退，成效不大。

乙 淝水之战

前秦出兵伐晋，于淝水交战，最终东晋以仅八万军力大胜八十余万前秦军。拥有绝对优势的前秦败给了东晋，国家也因此衰败灭亡，北方各民族纷纷脱离前秦的统治，分裂为后秦和后燕为主的几个政权。而东晋则趁此北伐，把边界线推进到了黄河。

丙 闻鸡起舞

祖逖和好友刘琨曾在一起做官，一次，半夜里祖逖听到公鸡的鸣叫，他对刘琨说：“别人都认为半夜听见鸡叫不吉利，我偏不这样想，咱们干脆以后听见鸡叫就起床练剑如何？”刘琨欣然同意。于是他们每天鸡叫后就起床练剑，从不间断。最终，他们成了能文能武的全才。

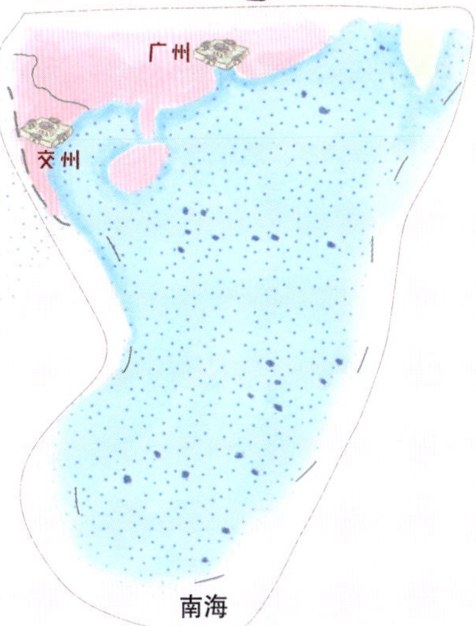

丁 法显西行

法显是中国第一位到海外取经求法的大师。399年，他从长安出发，经西域至天竺，游历20多国，收集了大批梵文经典。

361年 | 365年 | 371年 | 372年 | 淝水之战 383年 | 前秦强盛 | 396年 | 法显等西行求佛法 399年 | 418年 | 刘裕灭东晋 420年

晋哀帝 | 晋废帝 | 晋简文帝 | 晋孝武帝 | 晋安帝 | 晋恭帝

南北朝

420 年—589 年

北朝都城：平城、洛阳、邺、长安

南朝都城：建康

南北长期对峙的时期

南北朝时期是中国历史上的一段大分裂时期。南方先后出现宋、齐、梁、陈政权；北方相继经历了北魏、东魏、西魏、北齐和北周五朝。南方和北方虽各有朝代更迭，但长期维持对峙形式，因此称为南北朝。

名人

1 宋武帝

宋武帝即刘裕，一开始是东晋北府军的将领，立下了很多战功。后来他篡夺了东晋政权，建立了宋朝。

2 梁武帝

萧衍是梁朝政权的建立者。前期任用陶弘景，在位颇有政绩，在位晚年爆发“侯景之乱”，都城陷落，被侯景囚禁，死于台城。

3 北周武帝

宇文邕是北周第三位皇帝。他在位期间，诛杀权臣宇文护，摆脱鲜卑旧俗，整顿吏治，使北周政治清明，百姓生活安定，国势强盛。

成语故事：画龙点睛

梁朝有位大画家名叫张僧繇。传说，张僧繇在墙壁上画了栩栩如生的龙，但全都没有眼睛。他解释说：“点上眼睛龙会飞走的。”但大家纷纷让他把眼睛画上，他只好当着众人的面，提起画笔给龙点上眼睛。刹那间被“点睛”的龙震破墙壁凌空而起，飞向了天空。

南朝宋建立 420 年 | 422 年 | 424 年 | 北魏统一北方 439 年 | 453 年 | 464 年 | 孝文帝改革 472 年 | 南朝齐代宋 479 年 | 482 年 | 483 年 | 493 年 | 494 年 | 498

宋武帝 | 宋文帝 | 宋孝武帝 | 齐高帝 | 齐武帝 | 齐明帝

大事

甲 实行九品中正制

九品中正制最初是由曹丕创制的，是魏晋南北朝时期重要的选官制度。它的主要内容就是在各州郡选择官员任中正，中正以家世、道德、才能为标准查访评定人才，将他们分成九等，作为吏部授官的依据。

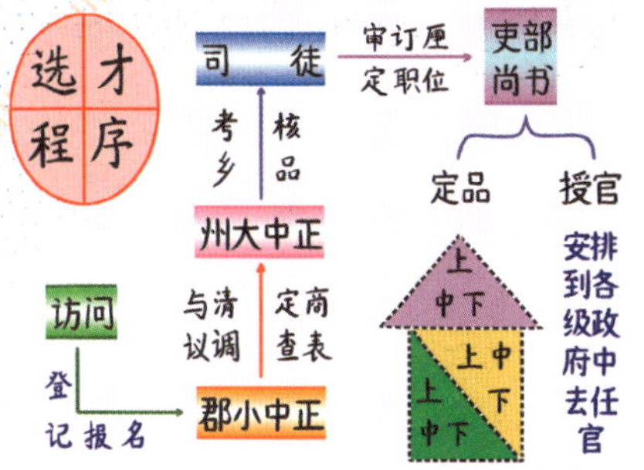

乙 北魏孝文帝改革

北魏是鲜卑族建立的政权，而鲜卑族是中国一个古老的北方民族。孝文帝改革的内容就是汉化运动，包括推行均田制和户调制、变革官制和律令、迁都洛阳、改易汉俗等。这一改革缓和了阶级矛盾，为社会经济的恢复和发展发挥了积极作用。

丙 陈后主亡国被俘

陈叔宝是陈朝最后一位皇帝。他在位时大建宫室，生活奢侈，不理朝政，日夜与妃嫔、文臣玩乐。《玉树后庭花》是他的代表作，也被认为是亡国之音。

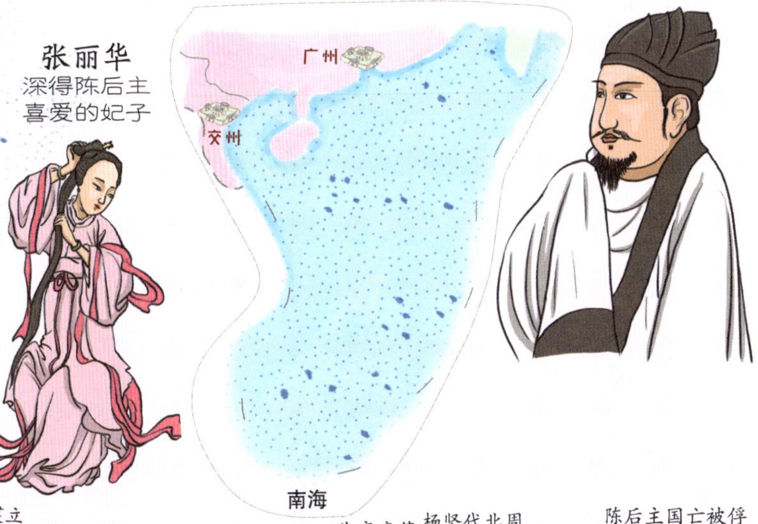

南朝梁建立 502 年
北魏分裂为东魏、西魏 534 年
侯景之乱 548 年
549 年
北齐代东魏 北周代西魏 550 年
南朝陈建立 557 年
559 年
560 年
566 年
北齐衰落 577 年
杨坚代北周 581 年
陈后主国亡被俘 589 年

梁武帝 | 陈武帝 | 陈文帝 | 陈宣帝 | 陈后主

隋朝

581 年—618 年

都城：大兴城、洛阳

短暂却辉煌的大一统王朝

隋朝的建立，结束了西晋末年以来 280 多年的分裂局面，使中国重新得到统一。隋文帝在位期间社会民生富庶、人民安居乐业、政治安定，开创了开皇之治的繁荣局面。但其继任者隋炀帝过度消耗国力，最后引发了隋末农民起义。618 年，隋朝灭亡，享国 38 年。

名人

①隋文帝

隋文帝名为杨坚，是隋朝开国皇帝。他在位期间，军事上攻灭陈国，成功地统一了分裂数百年的中国，击破突厥，被尊为“圣人可汗”。开皇年间，隋朝疆域辽阔，人口达到 700 余万户，是中国农耕文明的辉煌时期。

②独孤皇后

独孤伽罗 14 岁嫁给杨坚，为丈夫广结人缘，树立了良好形象；纵横政坛，和杨坚开创了隋朝基业，并且终身对隋文帝保持了强烈影响力。602 年，独孤皇后病逝于永安宫。隋文帝失去爱侣和精神支柱，悲痛不已，亲送亡妻葬于太陵，两年后去世与爱妻合葬。

③宇文恺

宇文恺是隋代城市规划和建筑工程专家，建造了气势恢宏的都城大兴城和东都洛阳城等。

④隋炀帝

隋炀帝杨广是隋文帝与独孤皇后次子，隋朝的第二位皇帝。他在位期间，修大运河，改州为郡，对后世颇有影响。然而频繁地发动战争，加之滥用民力，致使民变频起。造成天下大乱，导致了隋朝的覆亡。

成语典故：破镜重圆

陈国快灭亡时，陈国驸马徐德言和妻子乐昌公主将一面铜镜劈为两半，二人各执一半。乐昌公主被俘赐给杨素后，托人在街上卖半片铜镜，被徐德言看到了，二人暗中联系。杨素知道这件事后，他被二人的真情深深打动，就让他们夫妻团聚了。

甲 创立科举制

随着士族门阀的衰落，选官注重门第的九品中正制已无法继续。隋文帝即位后，废除九品中正制，开创了通过考试选拔官吏的科举制。

乙 开凿大运河

605 年至 610 年，隋炀帝动用百余万百姓，利用之前众多王朝开凿留下的河道，修筑了隋朝大运河。隋朝大运河是中国古代南北交通的大动脉，是中国古代劳动人民创造的一项伟大的水利建筑工程。

丙 瓦岗寨起义

隋朝末年，隋炀帝骄奢淫逸，荒废朝政，穷兵黩武，百姓苦不堪言，各地农民纷纷揭竿而起。各地起义中，影响最大的便是瓦岗寨起义。但是随着瓦岗军战果的扩大，内部也逐渐出现了分裂，不久被王世充击溃，李密率残部投唐。

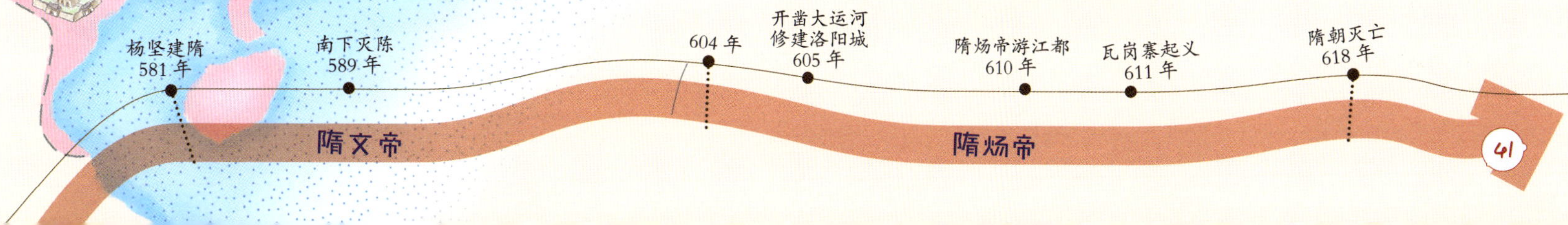

唐朝（一）

618 年—907 年

都城：长安

中国最强盛的封建王朝之一

唐朝是继隋朝之后的大一统王朝，也是中国历史上最强盛的朝代之一。唐朝文化昌盛，在诗歌、书法、绘画等方面都涌现了大量名家。它的都城长安是当时的国际交流中心。从 618 年李渊登基到唐高宗在位期间，是唐朝的前期。这一时期国家的经济逐渐复苏，并利用强大的军事实力相继击败东突厥、西突厥、高句丽等强敌，开创了贞观之治、永徽之治等治世。

名人

①唐高祖

唐高祖名为李渊，隋末天下大乱时，他乘势从太原起兵，攻占长安。随后，他建立了唐朝，并逐步消灭各地割据势力，统一全国。

②唐太宗

唐太宗李世民善于征战，帮助父亲建立了大唐。他靠着一场宫廷政变当上唐朝的第二位皇帝。他任用贤能，虚心纳谏，开创了历史上著名的贞观之治。他征服了突厥、高昌等周边民族政权，被各族人民尊为天可汗，为后来唐朝的盛世局面奠定了基础。

③魏征

唐代名相，敢于直言进谏。唐太宗李世民看魏征说话直爽，很有胆识，不计前嫌地重用了他。据说魏征前前后后一共进谏了 200 多次，也正是因为魏征的敢于直谏，唐太宗在他的辅佐下开创了历史上著名的贞观之治。

④唐高宗

唐高宗是唐朝的第三位皇帝，名为李治。他的皇后就是著名的武则天。

⑤武则天

武则天本来是唐太宗的妃嫔，在唐太宗去世后成为唐高宗的皇后。她协助唐高宗处理国家大事，最终在 67 岁时登基，成为中国历史上唯一的女皇帝。她善于发现和使用人才，发展了科举制度，为之后的大唐盛世起到了承上启下的作用。

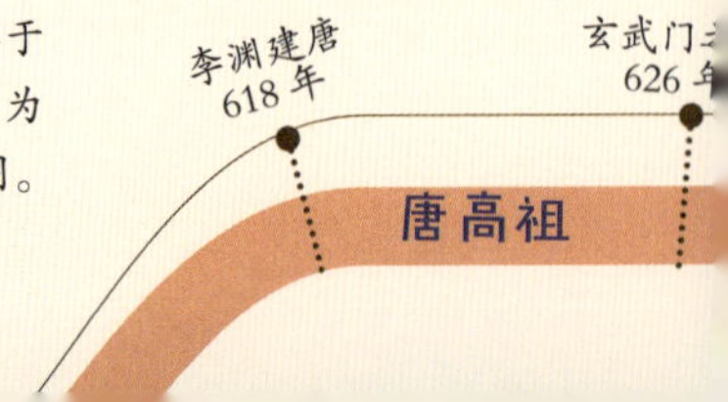

王勃
《送杜少府之任蜀州》
是他的代表作
褚遂良
唐朝政治家、书法家
长孙无忌
唐太宗的心腹谋臣
参与策划了玄武门之变
狄仁杰
著名宰相
以不畏权贵著称
靺鞨
薛仁贵
降服高句丽
击败突厥
初唐名臣
房玄龄
唐朝初年名相
为唐太宗出谋划策
李靖
文武兼备的军事家
安北都护府
卢照邻
擅长诗歌骈文
下了很多佳句
贞观政要
《贞观政要》
总结唐太宗时代的
治国得失
安东都护府
今平壤
单于
都护府
幽州
今北京
沙州
今敦煌
孙思邈
被称为“药王”
写下《千金方》
黄
河
凉州
京城
今西安
陈子昂
《登幽州台歌》
是他的代表作
吐谷浑
东都
今洛阳
扬州
秦岭
唐
布达拉宫
赞干布为迎
文成公主而建
益州
今成都
长
江
越州
今绍兴
广州
交州
曲辕犁
更轻便的耕种工具
洪州
今南昌
滕王阁
因为《滕王阁序》
而闻名
筒车
灌溉工具
日晷
利用太阳投影来计时
广州
交州
南海
房谋杜断
玄奘取经
文成公主入藏
641 年
649 年
683 年
684 年
武则天称帝
690 年
705 年
710 年
唐太宗
唐高宗
武则天掌政
唐中宗

唐朝（二）

618 年—907 年

都城：长安

唐朝经过前期的励精图治，在唐玄宗前期迎来最强盛的时代，史称“开元盛世”。这一时期的唐朝政治稳定、军事强大、经济繁荣、文化昌盛，是当时世界上的超级大国。安史之乱的爆发让唐朝由盛转衰，加上唐朝后期政治腐败、藩镇割据等问题，强盛一时的唐朝最终走向了灭亡。

唐诗
唐朝盛行的文学体裁

名人

① 唐玄宗

唐玄宗是唐朝在位最久的皇帝，性格果断，多才多艺。他铲除了韦后势力，维护了政权的稳定。他登基之初任用贤才，励精图治，带领唐朝走向最为鼎盛的开元盛世。但他在位后期怠慢朝政，宠信奸臣，结果导致了安史之乱。

② 杨贵妃

杨贵妃就是杨玉环，是中国古代四大美女之一。她先是唐玄宗儿子寿王李瑁的王妃，受令出家后，又被公爹唐玄宗册封为贵妃，深得唐玄宗的喜爱。安史之乱爆发后，她在马嵬驿死于乱军之中。

③ 郭子仪

郭子仪是唐代著名的军事家，在平定安史之乱中立下了大功。郭子仪戎马一生，屡建奇功，以 84 岁的高龄才告别沙场。

④ 唐宣宗

唐宣宗在位期间，整顿吏治，并限制皇亲和宦官。对外关系上，击败吐蕃、收复河湟，安定塞北、平定安南。他在位时期是唐朝又一段安定繁荣的时期，被称为“大中之治”。

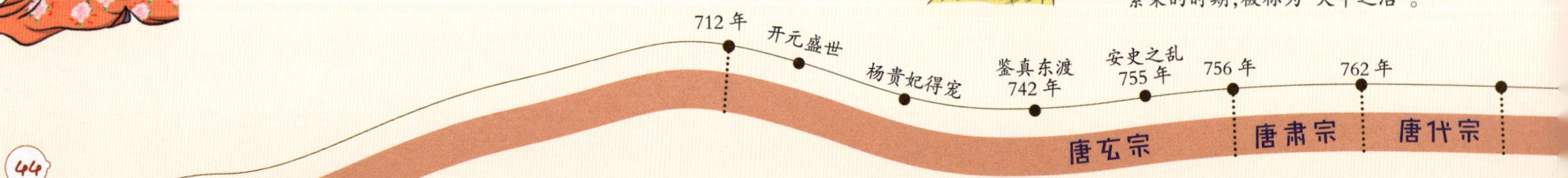

吴道子
被誉为“画圣”
柳宗元
文学家
唐宋八大家之一
霓裳羽衣舞
唐代的宫廷乐舞
唐玄宗作的曲
黑水都督府
今俄罗斯伯力
唐三彩
以黄、绿、褐为
基本釉色的瓷器
多用于陪葬
靺鞨
突厥牙帐
突 厥
渤海都督府
唐代服饰
突厥人
唐朝北方的威胁
打马球
唐朝盛行的
体育运动
安东都护府
茶圣陆羽
唐代茶学家
写有世界第一部
茶叶专著《茶经》
幽州
今北京
黄
河
凉州
开元通宝
唐朝时的货币
遣唐使
日本派到
唐朝学习的使者
西京
今西安
东都
今洛阳
扬州
秦岭
唐
铜镜
扬州生产的
“江心镜”很有名
乐山大佛
代开元年间开凿
中国最大的一尊
摩崖石刻造像
荆州
益州
今成都
越州
今绍兴
长
江
广州
安南都护府
今越南河内
南海
宣纸
唐朝就非常有名了
泉州
火药
唐朝末年
被用于军事
雕版印刷
中国最早的印刷技术
广州
安南都护府
今越南河内
805年
820年
826年
宦官之祸
840年
846年
859年
873年
黄巢起义
878年
888年
904年
朱温灭唐
907年
唐德宗
唐宪宗
唐穆宗
唐敬宗
唐文宗
唐武宗
唐宣宗
唐懿宗
唐僖宗
唐昭宗
唐景宗

唐朝简史

乙 玄武门之变

626年，唐高祖次子秦王李世民在长安城玄武门附近发动了一次流血政变，李世民杀了自己的长兄皇太子李建成和四弟齐王李元吉，登上了皇位，成了唐太宗。

甲 李渊建唐

在隋末农民大起义中，原镇守太原的隋朝官僚李渊趁机起兵反隋。隋炀帝被杀后，618年，李渊称帝，建立唐朝，定都长安，随后消灭了各支起义军和割据势力，平定了全国。

丙 贞观之治

贞观之治是唐朝初年唐太宗在位期间出现的政治清明、经济复苏、文化繁荣的盛世局面。

己 文成公主入藏

唐太宗时，将文成公主嫁给吐蕃赞普松赞干布，并派专使护送文成公主远行。文成公主入藏时，带去了谷物种子、药材、茶叶、工艺品以及历法、科学技术方面的书籍。唐蕃和亲促进了吐蕃经济和社会的发展，也增进了汉藏两族的友好关系。

丁 玄奘取经

玄奘是唐代著名高僧，于贞观元年一人西行五万里，历尽艰辛到达印度佛教中心那烂陀寺取真经。前后十几年学遍了当时的大小乘各种学说，带回大量佛经回到长安并长期从事翻译佛经的工作。《西游记》里唐僧的原型就是他。

戊 房谋杜断

唐太宗李世民有两个得力的宰相，一个是房玄龄，一个是杜如晦。房玄龄善于出谋划策，杜如晦善于作决断，合作得非常协调，所以叫作“房谋杜断”。

庚 武则天创立殿试

武则天统治期间，大力发展科举制，创立殿试制度，亲自面试考生，不拘一格选拔人才。

辛 开元盛世

唐玄宗登基之初采取了一系列积极的措施，使唐朝经济迅速发展，国力空前强盛，人口也大幅度增长，国家财政收入稳定。唐朝进入全盛时期，中国封建社会达到顶峰阶段。因当时年号为“开元”，所以被称为“开元盛世”。

壬 鉴真东渡

鉴真是唐朝高僧，他不畏艰险，6次东渡日本，讲授佛学理论，传播博大精深的中国文化，促进了日本佛学、医学、建筑和雕塑水平的发展，受到中日人民和佛学界的尊敬。

癸 安史之乱

唐玄宗在位后期政治腐败，节度使安禄山和史思明趁机起兵反叛，这就是历史上著名的“安史之乱”。这场长达八年的动乱最终被平定，但它造成的藩镇割据和社会动荡最终为唐朝的衰落埋下了伏笔。

子 藩镇割据

安史之乱之后，唐朝国势由盛转衰。唐朝的中央权力衰微，安史旧将和内地节度使权势加大，逐渐形成藩镇割据的局面。

丑 黄巢起义

唐朝的腐败，导致了农民起义的爆发。本是盐商的黄巢，领导农民起义，给本来就摇摇欲坠的唐朝致命一击。黄巢起义是唐末农民起义中历时最久、遍及最大、影响最深的一次农民起义。

五代十国

907 年—960 年

都城：东都（东京）

群雄混战割据的大分裂时期

五代十国是中国历史上的一段大分裂时期。五代是指 907 年唐朝灭亡后依次更替的位于中原地区的五个政权，即后梁、后唐、后晋、后汉与后周。而中原地区之外存在过许多割据政权，其中前蜀、后蜀、吴、南唐、吴越、闽、楚、南汉、南平（荆南）、北汉等十余个割据政权被后世史学家统称十国。

名人

① 后梁太祖

即朱温，梁朝开国皇帝。901 年，他率军进入关中，控制了唐王朝的中央政权。他先用武力把唐昭宗逼迁洛阳，不久把他杀死，立昭宗儿子李柷为帝。随后，他通过禅让的形式夺取了帝位，建国号梁，史称后梁。后来，又被亲子朱友珪所杀。

② 后晋高祖

即石敬瑭，他是后唐末年起兵造反的将领，他为了得到契丹的帮助，认了比他小十岁的耶律德光做“父亲”。最终，在契丹的帮助下，他灭了后唐，建立了后晋。

③ 后周世宗

柴荣是后周的皇帝。他在位期间，整军练卒、减少赋税，使后周政治清明、百姓富庶。他南征北战，立下了赫赫战功，却英年早逝。

④ 南唐后主

即李煜，南唐最后一位国君，所以世称南唐后主。他精书法、工绘画、通音律，诗文均有一定造诣，以词的成就最高。他的词，语言明快、形象生动、用情真挚、风格鲜明。他亡国后词作更是题材广阔，含意深沉，对后世词坛影响深远。

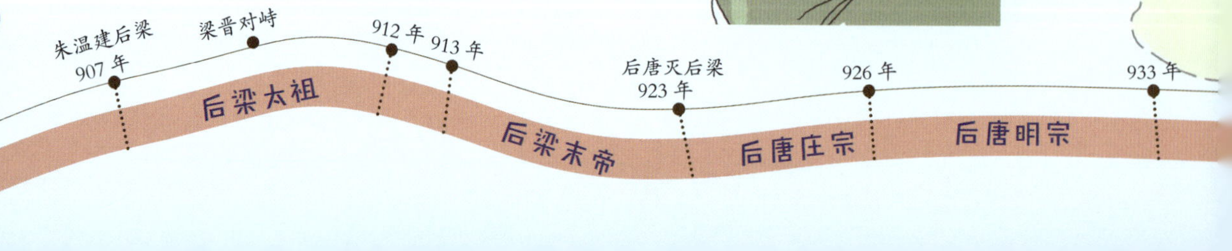

大事

甲 梁晋对峙

朱温建立了梁朝之后，很多人不服气。尤其是原先唐朝晋王李克用，他与朱温建立的梁朝长期对峙。

乙 契丹建辽

辽是由契丹族建立的封建王朝。916 年，辽太祖耶律阿保机正式建国称帝，成为辽政权的创始人，国号“契丹”，定都临潢府。947 年，辽太宗率军南下中原，攻占汴京灭后晋，耶律德光登基改汴称帝，并改国号为辽。

丙 陈桥兵变

959 年，七岁的周恭帝即位。大将赵匡胤与石守信、王审琦等掌握了军权。960 年，传闻契丹兵将南下攻周，赵匡胤统率诸军北上御敌。行至陈桥驿，赵匡胤和赵普等密谋策划，发动兵变，众将以黄袍加在赵匡胤身上，拥立他为皇帝。随后，赵匡胤率军回开封，京城守将石守信、王审琦开城迎接赵匡胤入城，胁迫周恭帝禅位。

雷峰塔
吴越国王钱俶
因黄妃得子而建

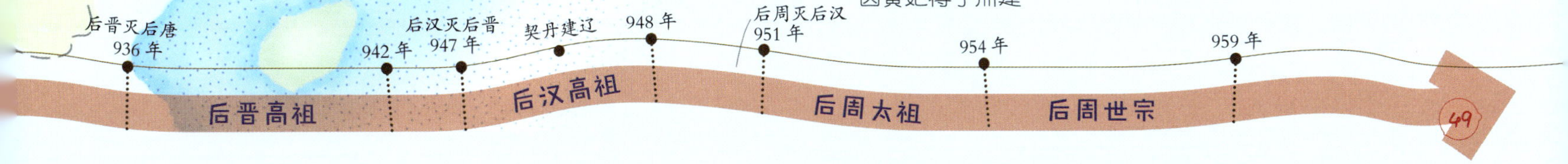

北宋

960 年—1127 年

都城：东京

经济文化大繁荣的时代

北宋的建立，结束了四分五裂的政治局面，使中国又归于统一。但由于辽、金、西夏等国的强大，北宋的政权一直受到威胁。北宋期间儒学得到复兴，科技发展突飞猛进，政治也较开明，经济文化繁荣。此外，这一时期同朝鲜和日本关系交流密切，和越南、印尼也加强了联系，同时还影响到了西亚和非洲。

名人

① 辽太祖

即耶律阿保机，契丹族的杰出首领，辽朝开国君主。907 年建立辽国，在位期间创立了契丹文，攻灭了渤海国。

② 宋太祖

宋太祖就是赵匡胤，他在五代十国的后期屡建战功，随后在“陈桥兵变”中被拥立为帝，于 960 年成为北宋的开国皇帝。

③ 西夏景宗

元昊是北魏皇室鲜卑拓跋氏的后代，在唐朝时因功被赐李姓。1038 年，李元昊称帝，建立西夏。李元昊建国后，西夏与宋朝的外交关系正式破裂，奠定了宋、辽、夏三分天下的格局。

④ 杨业

杨业是北宋名将，他骁勇善战，为北宋立下许多战功，人们给他起了一个绰号叫做“杨无敌”。他和子孙忠勇报国的事迹被后人编成戏曲和故事，这就是人们熟悉的《杨家将》。

⑤ 包拯

包拯是北宋名臣，一生为官清廉，刚直不阿。他铁面无私，且英明决断，敢于替百姓申不平，因此有“包青天”的美名。

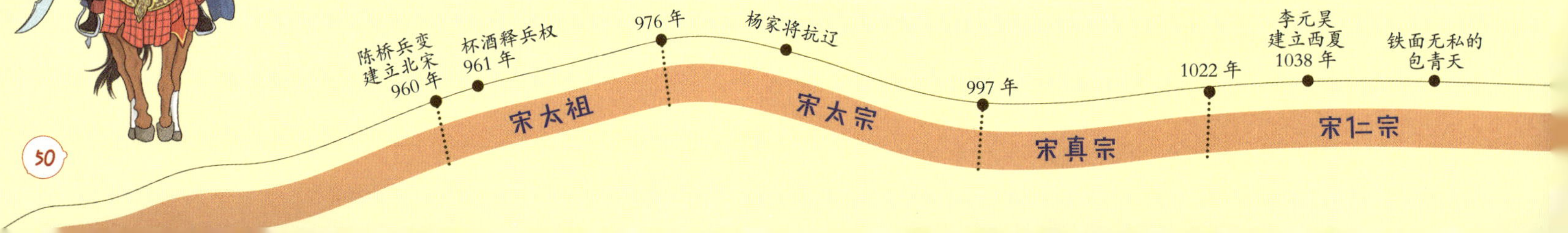

斡朗改
宋词
宋词
宋代盛行的
一种文学体裁
黄庭坚
江西诗派的开派
宗师和领袖
欧阳修
写有不朽名篇
《醉翁亭记》
柳永
他的词通俗易懂
李清照
婉约派词人代表
千古第一才女
晏殊
著名文学家
政治家
清明上河图
明上河图》
张择端所画
国十大传世
名画之一
秦观
苏轼的门生
擅长婉约词
李公麟
著名书法家、画家
代表作《五马图》
辽
上京
东京
今辽阳
中京
北宋文学
大家
三苏
北宋散文家苏洵
和他的儿子
苏轼、苏辙
西京
今大同
南京
今北京
黄
夏
兴庆
今银川
西夏王陵
夏历代帝王陵
北京
今大名
河
李师师
青楼歌姬
传说深受宋徽宗喜爱
西京
今洛阳
京兆府
今西安
南京
今商丘
东京
今开封
北宋首都
秦岭
北宋
广州
杭州
大
江
成都
杭州六和塔
智元禅师为
镇江潮而创建
契丹骑兵
寇准
代名相
成宋辽
渊之盟”
东坡肉
相传是苏东坡
创制的
瓦舍
宋元城市中
的娱乐场所
福州
大理
大理
广州
泉州清净寺
创建于北宋
南海
毕昇发明活
字印刷术
1063年
1067年
王安石变法
1069年
1085年
1100年
金朝崛起
1115年
金灭辽
1125年
靖康之难
1127年
宋英宗
宋神宗
宋哲宗
宋徽宗
宋钦宗

南宋

1127 年—1279 年

都城：临安

科技经济文化都很繁荣的王朝

南宋是北宋的延续，但是一直受到北方金国的威胁。金国几度南征都未能消灭南宋，而南宋也有过数次北伐皆无功而返，南宋和金国形成对峙局面。南宋中后期奸相频出，朝政糜烂腐败，而处于漠北草原的蒙古人开始崛起，1206 年成吉思汗建立蒙古汗国，征服金国后开始大举入侵南宋，随后南宋灭亡。

名人

1 宋高宗

即赵构，是宋徽宗第九子。靖康之难后，赵构幸免于难，逃到南方称帝，仍定国号为宋，史称南宋，后定都临安。在位期间，虽然启用岳飞等抗金，但仍然一味求和。

2 西辽德宗

即耶律大石，契丹族人。金国灭辽后，他于 1134 年建立了西辽。为了对付金国，他在建国初期积极开展外交活动，同南宋、西夏都有联系。

3 完颜宗弼

即兀术（zhú），金太祖完颜阿骨打第四子，金朝名将、开国功臣。一直是金朝主战派的代表，领导了多次南侵，胜败不一。

4 成吉思汗

成吉思汗是孛儿只斤·铁木真的尊号。他于 1206 年春天建立蒙古汗国，此后多次发动对外征服战争，征服地域西达中亚、东欧的黑海海滨。1227 年在征伐西夏的时候去世，之后被密葬。

5 文天祥

文天祥是宋末政治家、文学家、抗元名臣。他兵败被俘，过零丁洋时写下了“人生自古谁无死，留取丹心照汗青”这一千古名句。后来敌人逼迫他写信招降其他将领，文天祥没有答应，从容就义。

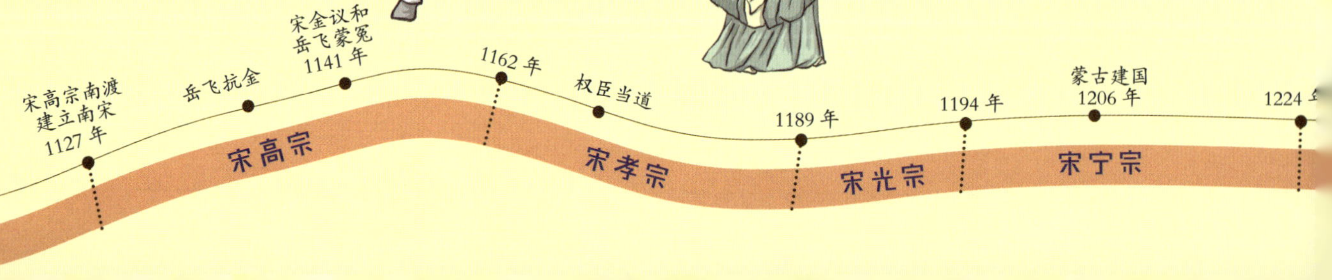

辛弃疾
南宋将领
豪放派词人
杨万里
南宋爱国诗人
蒙
古
钩镰枪
南宋经常使用
的兵器
突火枪
世界第一种
发射子弹的步枪
洗冤集录
宋慈
开创了法医鉴定学
著有《洗冤集录》
上京
金前期首都
大斡耳朵
塑罗汉像
西夏文物
坐式铜龙
金代早中期
皇室的御用器物
金
中京
东京
中都
今北京
金后期首都
西京
今大同
朱熹
儒学集大成者
被世人尊称为“朱子”
西
夏
中兴
今银川
黄
卢沟桥
始建于1189年
河
急脚递
南宋创制的一种
传送公文的驿传
南京
今商丘
秦
岭
白鹿洞书院
朱熹等名家曾在此讲学
梁红玉
抗金女英雄
大散关
南宋与金的分界线
广州
成都
临安
今杭州
江
大
南
宋
豆芽
南宋的家常食品
瓷器
制造中心从
北方移至江南地区
大理
斗蟋蟀
南宋流行的
娱乐活动
广州
理
南海
活佛济公
原名李修缘
行善积德的得道高僧
蒙古灭西夏
1127 年
联蒙抗金
1232 年
蒙古南侵
1235 年
1264 年
1274 年
1276 年
1278 年
崖山海战
南宋灭亡
1279 年
宋理宗
宋度宗
宋恭宗
宋端宗
宋怀宗

宋朝简史

甲 杯酒释兵权

北宋初期，宋太祖赵匡胤为了加强中央集权，同时避免别的将领篡夺自己的政权，所以通过一次酒宴，以威胁利诱的方式，要求高级军官们交出了兵权。杯酒释兵权被视为宽和的典范，泛指轻而易举地解除将领的兵权。

乙 澶渊之盟

宋真宗时，辽军大举攻宋，一直打到黄河岸边的澶州城，威胁都城开封。宰相寇准劝皇帝亲征，终于打退辽军。之后，辽与宋议和，辽军撤退，宋朝给辽岁币。史称澶渊之盟。此后，辽宋保持了很长时间的和平局面。

丙 王安石变法

王安石是北宋著名的思想家、政治家、文学家。他主持的变法是继商鞅变法之后又一次规模巨大的社会变革运动，变法一定程度上改变了北宋积贫积弱的局面，但触动了大地主阶级的根本利益，所以遭到他们的强烈反对，1085 年，因宋神宗去世而告终。

丁 宋江起义

1119 年，宋江等 36 人在梁山泊起义，他们惩治贪官，杀富济贫。宋江起义虽然后来被镇压，但经过后世不断演绎，成为小说《水浒传》的历史原型素材。

戊 靖康之难

靖康二年（1127 年），金军攻破东京，俘虏了宋徽宗、宋钦宗父子及大量赵氏皇族、后宫妃嫔与贵卿、朝臣等三千余人，押解北上。自此，宋室南迁、北宋灭亡。这一事件深深刺痛汉人的内心，南宋大将岳飞在《满江红》中提到：“靖康耻，犹未雪，臣子恨，何时灭！”

己 建炎南渡

北宋灭亡后，康王赵构在一些大臣的拥立下，跑到南方称帝，后定都杭州，改元建炎，史称“南宋”，赵构就是宋高宗。

庚 李纲整军

靖康元年金兵入侵开封时，李纲身为丞相，组织军民击退金兵。宋朝皇室南渡以后，宋高宗启用李纲为相，李纲颁布了新军制二十一条，着手整顿军政。然而受主和派的抵制，主政仅75天便遭罢相。此后一直未受重用。

辛 岳飞抗金

岳飞是抗金名将，率领岳家军同金军进行了大小数百次战斗，所向披靡。完颜宗弼毁盟攻宋时，岳飞挥师北伐，大败金军。宋高宗、秦桧却一意求和。在宋金议和过程中，岳飞遭受秦桧等人的诬陷，随后惨遭杀害。宋孝宗时岳飞才被平反。

壬 海上丝绸之路

南宋的海上贸易非常繁华，所有的对外贸易几乎都经由海上丝绸之路。

癸 联蒙古灭金

成吉思汗临终留下遗言，要借宋境进攻金朝。此后，蒙古和南宋结盟，南北夹击金朝。1234年，蒙古灭金。但是，很快蒙古就开始进攻南宋。

子 崖山海战

1279年，南宋军队与元朝军队在崖山进行了大规模海战，是古代中国少见的大海战。战争的最后元军以少胜多，宋军全军覆灭。南宋灭国时，陆秀夫背着少帝赵昺投海自尽，许多忠臣追随其后，十万军民跳海殉国。

元朝

1271 年—1368 年

都城：大都

蒙古族建立的王朝

蒙古族建蒙古汗国后开始对外扩张，先后攻灭西辽、西夏、东夏、金等国。1271 年，忽必烈改国号为元。1279 年，元军在崖山海战灭南宋统一了中国，结束了五代以来的分裂局面。元朝商品经济和海外贸易较繁荣，文化方面，出现了杂剧和散曲等很有影响力的文化形式。

名人

① 元世祖

元世祖名为孛儿只斤·忽必烈，是元朝的开国皇帝，他开创了行省制度。

② 郭守敬

郭守敬曾任太史令，在天文、历法、水利和数学等方面都有卓越的成就。他历时四年，编定了通行 360 多年的《授时历》，成为当时世界上最先进的一种历法。

③ 赵孟頫

赵孟頫是南宋末至元初的著名书法家，极受元世祖的礼敬，官至一品。他博学多才，能诗善文，工书法，精绘艺，尤以书法和绘画成就最高，独创“赵体”，与欧阳询、颜真卿、柳公权并称“楷书四大家”。

④ 元顺帝

元顺帝名为孛儿只斤·妥懽帖睦尔，是元朝最后一位皇帝。

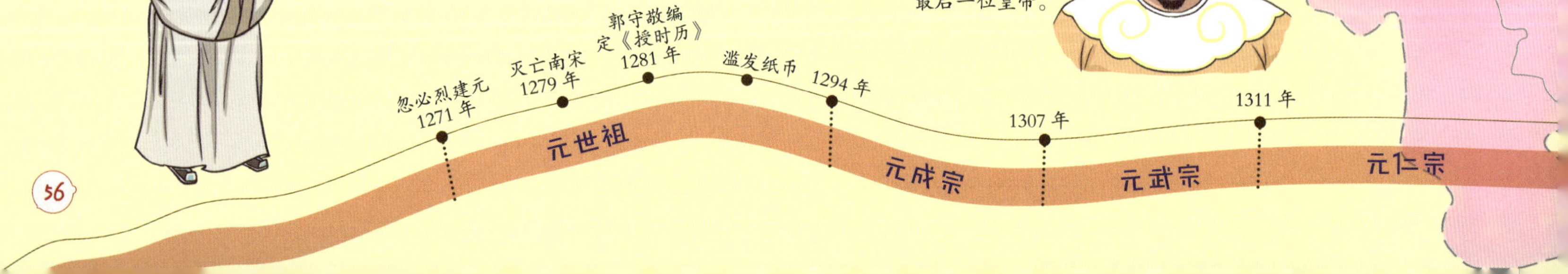

甲 四等人制

元朝为维护蒙古贵族的专制统治权，采用“民分四等”的政策，把中国人分为四等：一等蒙古人，二等色目人，三等汉人，四等南人。

等级	名称	民族
第一等	蒙古人	蒙古族
第二等	色目人	包括原西夏人和畏兀儿人等
第三等	汉人	原金统治区的汉族和契丹、女真族等
第四等	南人	原南宋统治区的汉族和其他各族

乙 马可·波罗游中国

据传马可·波罗曾在中国游历 17 年，访问了当时的许多城市。他的《马可·波罗游记》记述了他在中国的见闻，激起了欧洲人对东方的热烈向往。

丙 滥发纸币

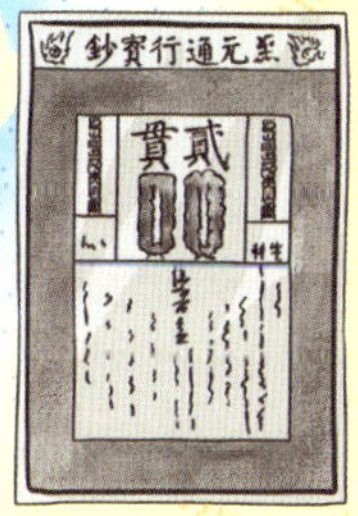

元朝是中国历史上第一个完全以纸币作为流通货币的朝代，但是滥发纸币也造成了物价恶性飞涨，使百姓生活苦不堪言。

丁 红巾军起义

红巾军起义是韩山童、刘福通、徐寿辉等领导的元末农民大起义。因起义军头裹红巾，所以叫作“红巾军”。

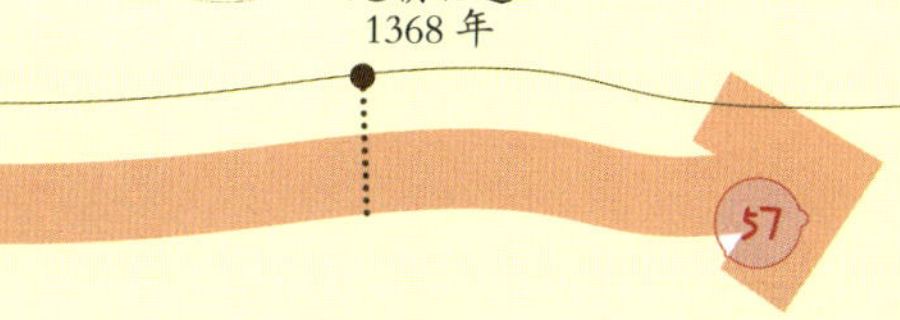

明朝

1368 年—1644 年

都城：应天、北京

中国最后一个由汉族人建立的封建王朝

元朝末年民不聊生，各地不断爆发起义。最终，朱元璋建立明朝，推翻了元朝的统治。明朝经过前期几个皇帝的励精图治，发展成一个政治清明、国力强盛的国家。雄伟的明长城、郑和下西洋的伟业、精彩的小说和戏曲等，都是明朝留下的宝贵遗产。

名人

① 洪武

朱元璋是明朝的开国皇帝，年号洪武，被人们称为洪武皇帝。他出身贫穷，曾经为地主放牛，还当过和尚。他后来参加了反抗元朝的起义军，并最终从众多豪杰中脱颖而出，当了皇帝。

② 永乐

朱棣即明成祖，是朱元璋的第四个儿子，在位期间年号永乐。明成祖是有个很有作为的皇帝，他迁都北京，修筑紫禁城，疏通大运河。他设置特务机关东厂，组织编修《永乐大典》，他还派郑和下西洋。

③ 嘉靖

嘉靖帝就是明世宗，是明朝掌权时间最长的皇帝，他信奉道教，在壬寅宫变中差点被宫女勒死。海瑞骂皇帝故事里的皇帝就是嘉靖帝。

④ 万历

即明神宗，是明朝在位时间最长的皇帝。他继位前期，张居正主持政务，实行了一系列改革措施，社会经济有很大的发展。他亲政后，励精图治，开创了“万历中兴”的局面，但是后期荒于政事，使明朝逐渐走向衰亡。

⑤ 李自成

李自成是明末农民起义领袖，号称“闯王”。他推翻了明王朝的统治，但也败给了多尔衮和吴三桂，随后被杀。

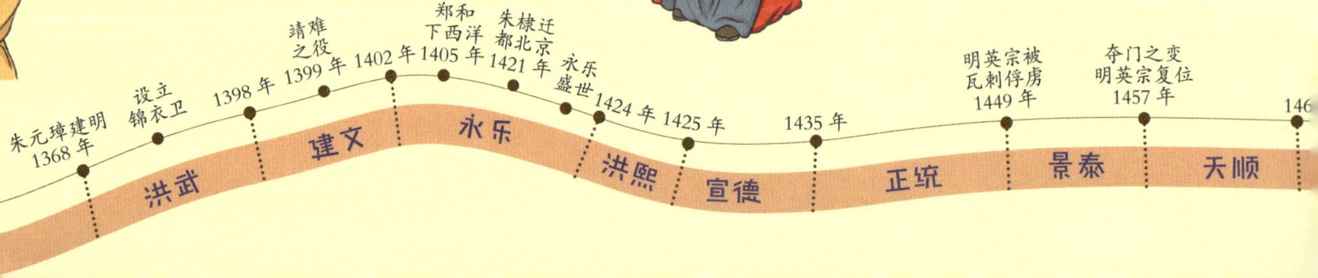

明朝军事
机营
用火器的
种部队
关宁铁骑
明末骑兵精锐
鞑 靼
于谦
打败瓦剌军
保卫了北京
女真人
建立清朝
奴儿干都司
锦衣卫
特务机关
负责监视臣民
海 西 女 真 部
吴三桂
投降清军
带领清军从山海关
攻入京师
李时珍
名医
著有《本草纲目》
徐达
优秀的军事统帅
京师
今北京
凉州卫
李如松
指挥抗倭援朝战争
明朝重臣
徐霞客
旅行家
著有《徐霞客游记》
黄 河
明
张居正
万历时期的内阁首辅
推行改革
西安府
开封府
应天府
今南京
秦 岭
白银
在明代中期成为
主要流通货币
广州府
杭州府
刘伯温
神机妙算的谋士
大 江
成都府
魏忠贤
明末宦官
被称为“九千九百岁”
昆曲
中国最古老的剧种
形成于明代中期
景泰蓝
特种瓷器工艺品
王阳明
著名思想家
创立“阳明心学”
也是军事家
云南府
今昆明
广州府
南海
1487 年
1505 年
1521 年
壬寅宫变 1542 年
戚继光抗倭 1565 年
1566 年
张居正改革 1572 年
万历中兴
努尔哈赤建金 1616 年
1620 年
1621 年
1627 年
李自成起义 1629 年
明怀宗自缢 1644 年
成化
弘治
正德
嘉靖
隆庆
万历
泰昌
天启
崇祯

明朝简史

甲 明军北伐

元朝末年，民不聊生，爆发了农民起义。朱元璋领导的队伍逐步壮大，消灭群雄控制南方后，朱元璋称帝，派徐达等向北进军。徐达大军所向披靡，不到一年时间，就占领大都，结束了元朝对全国的统治。

乙 朱元璋强化皇权

明朝建立后，朱元璋为了巩固统治，全面改革官制：朱元璋设立三司，分封皇子，废除丞相制度，提升六部职权，独揽军事大权，建立特务机关。皇权得到前所未有的强化。

丙 靖难之役

朱元璋去世后，他的孙子朱允炆继位，就是建文帝。燕王朱棣以讨伐奸臣为理由起兵篡位，史称“靖难之役”。朱棣登上皇位后，建文帝下落不明，他的去向成为了历史之谜。

丁 永乐盛世

朱棣登上皇位后励精图治，采取了许多措施发展经济，使得国家变得富强起来。朱棣多次御驾亲征，让国家的外部环境变得安全稳定。他还派郑和下西洋，让陈诚出使西域，开创了万国来朝的局面。历史上把朱棣统治时期出现的盛世称为“永乐盛世”。

戊 郑和下西洋

郑和是明朝时的航海家和外交家。他先后七次率领船队下西洋远航，到过东南亚、南亚、非洲的许多国家。他的航行比哥伦布发现美洲大陆还早80多年，如今海外的许多地方还流传着郑和的故事。

己 土木堡之变

正统十四年（1449 年），瓦剌首领入侵明朝边境，明英宗亲率二十万大军出征，大军在土木堡受袭，明军战败投降，伤亡过半，明英宗被俘，史称土木堡之变。大臣于谦拥戴明代宗即位，坚守北京，奋勇抗击，取得北京保卫战的胜利。

庚 弘治中兴

明朝中期，国势衰退。明孝宗弘治皇帝继位后，重用李东阳等贤臣，减轻老百姓的徭役赋税，大力兴修水利，发展农业，使国家呈现兴盛景象，被后世史学家称为弘治中兴。

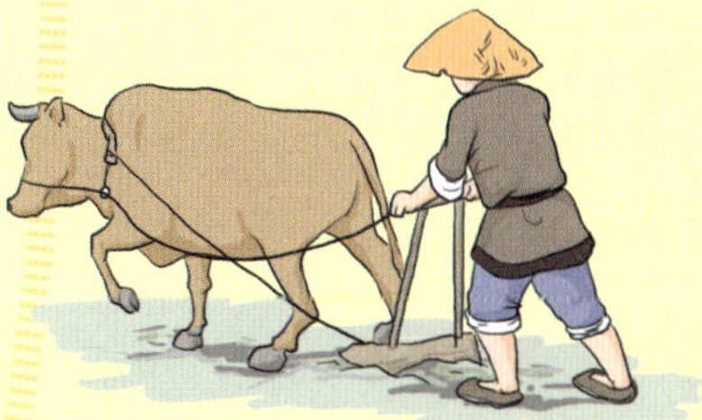

辛 张居正改革

万历年间，内阁首辅张居正为挽救明朝颓势，缓和社会矛盾，进行了一系列改革，包括推行一条鞭法与考成法，改革赋税与官吏考核制度，影响深远。

壬 戚继光抗倭

戚继光是明朝杰出的军事家和民族英雄，他训练了强悍的“戚家军”，在东南沿海抗击倭寇十多年，确保了沿海人民的生命财产安全。戚继光还是一位杰出的兵器专家，他改良制造的许多武器都在军事活动中派上了大用场。

癸 阉党乱政

张居正改革让明朝短暂复兴，但以魏忠贤为首的宦官把持了朝政，他们利用自己的爪牙，打击异己，把国家搞得一团糟。

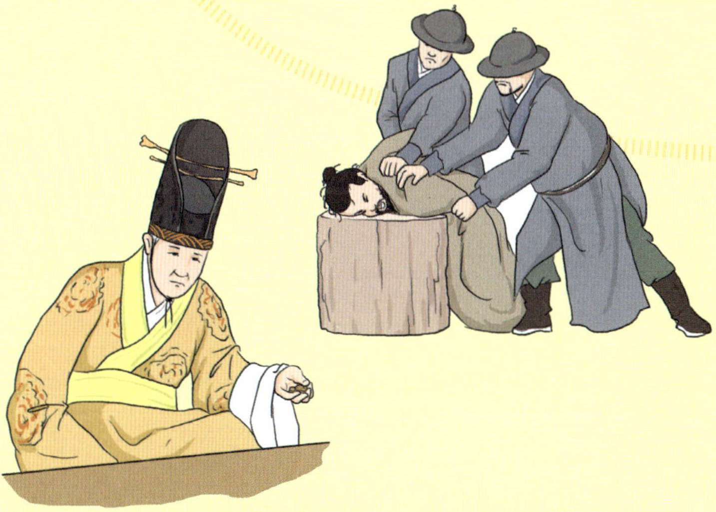

子 李自成起义

明朝末年，国家危机深重，民众怨声载道。陕北连年大旱，广大农民纷纷发动起义，其中李自成领导的队伍发展迅速，成为起义军的主力。李自成英勇善战，纵横十余省，攻入过西安，占领过北京，但最终还是失败了。

明末风云

明军、农民起义军、清军混战的时期

明朝末期，阶级矛盾日益尖锐，皇太极在边外的威胁日益增大。陕北的土地贫瘠，生产落后，赋税和徭役严重，加之连年发生灾荒，所以率先爆发了多个农民起义。各起义军从小到大，从分散到集中，最终推翻了明朝。但是由于农民阶级的局限性和战略失误，最终败给了清军。

① 努尔哈赤建立后金，割据辽东

努尔哈赤25岁时统一女真各部，1616年，努尔哈赤在赫图阿拉称汗，建立后金，割据辽东，建元天命。萨尔浒之役后，迁都沈阳。之后席卷辽东，攻下明朝70多个城镇。

② 王二起义

1627年三月，陕西大旱，澄城知县张斗耀不顾饥民死活，仍然逼税，敲骨吸髓地榨取农民。白水饥民王二聚集了数百个无法活命的农民进行斗争，他问大家："谁敢杀死知县？"大家异口同声地说："我敢杀。"于是王二率饥民杀死了张斗耀，揭开了明末农民战争的序幕。

③ 张献忠起义

1630年，张献忠据米脂十八寨起义，号八大王。因身长面黄，人称黄虎。因张献忠小时读过书，又受过军事训练，为人多智谋，果敢勇猛，很快就显示了指挥才能。张献忠带领流民队伍，转战于各地，屡立战功。他的队伍由几千人发展到几万人，成为最强大的一支部队。

④ 李自成投奔高迎祥，征战四方被推为"闯王"

李自成也杀死贪官造了反，随后在他舅舅高迎祥领导的起义军中当"闯将"，期间立下了赫赫战功。1636年，高迎祥在黑水峪兵败，被新任陕西巡抚孙传庭所杀。高迎祥残部拥戴李自成，李自成便被推为"闯王"。

⑤ 皇太极盛京称帝，建国号大清

皇太极自少年起常随父兄狩猎和征战，骑射娴熟。努尔哈赤去世后，受推举袭承汗位。皇太极即位后先征服朝鲜和漠南蒙古，又重用汉将，削弱明朝实力，志在入关夺取全国政权。1636年，皇太极在盛京称帝，国号为清。

⑥ 李自成破京灭明

1644年年初，李自成在西安建立大顺政权后，即向北京进军。三月，大同、宣府、居庸投降，兵至京师城下。十七日，官军三大营先降，十八日，守城太监开门献城，明王朝的统治被农民起义推翻。

⑦ 崇祯自缢

李自成攻入北京后，崇祯帝在万岁山（今北京景山公园内）歪脖树上自缢身亡。

⑧ 吴三桂降清，多尔衮领清军入关

明朝的灭亡使明末将领吴三桂失去倚靠，为了寻找新主，他在各种政治势力间观望周旋。两面受敌的吴三桂，对内不敌李自成，对外难挡多尔衮。爱妾陈圆圆和吴家亲人都成了李自成的人质。为保全家人性命，吴答应与李自成议和，又私下向多尔衮求助。随后吴三桂联合清军击溃李自成，清军随后入山海关，攻入北京。

⑨ 张献忠沉银

1644年八月，张献忠攻占成都，建立了大西政权。1646年，为了北上陕西抗击清军，张献忠决定放弃成都。他携带千船金银珠宝从成都顺水南下，在四川彭山县江口镇“老虎滩”一带遭到川西官僚杨展的突袭，千船金银珠宝绝大部分随船队沉落江中。随后，张献忠在与清军的战斗中中箭身亡。

清朝

1636 年—1911 年

都城：北京

中国最后一个封建王朝

清朝的前身是女真首领努尔哈赤建立的后金，后来趁着明末的动乱入主中原。清朝在康熙、雍正、乾隆三个皇帝统治时期走向鼎盛，成为一个统一的多民族国家。清朝前期有着强大的八旗士兵，但后来由于实行“闭关锁国”的政策，逐渐落后于世界，最终引起清朝晚期西方列强的不断入侵。

名人

1 皇太极

皇太极是清朝开国皇帝。他在位期间，发展生产，增强兵力，为清朝入主中原打下了坚实的基础。但他猝死于清军入关前夕，未能实现夺取全国政权的夙愿。

2 顺治

顺治把都城迁到了北京，是清朝入关的首位皇帝。

3 康熙

康熙 8 岁登基，是中国历史上在位时间最长的皇帝。他少年时就挫败了权臣鳌拜，成年后取得了多个对外战争的胜利，驱逐沙俄侵略军，确立了中国在黑龙江流域的领土主权。他奠定了清朝兴盛的根基，开创出康乾盛世的局面。

4 雍正

雍正在位期间勤于政事，重整机构并且做了一系列改革，对康乾盛世的连续具有关键性作用。

5 乾隆

乾隆在位期间康乾盛世达到了最高峰，社会经济文化有了进一步发展。他还在平定边疆叛乱方面做出了巨大成绩，清朝的版图由此达到了最大化。

6 慈禧

慈禧是咸丰帝的妃嫔，同治帝的生母。她曾垂帘听政，是清朝晚期的实际统治者。

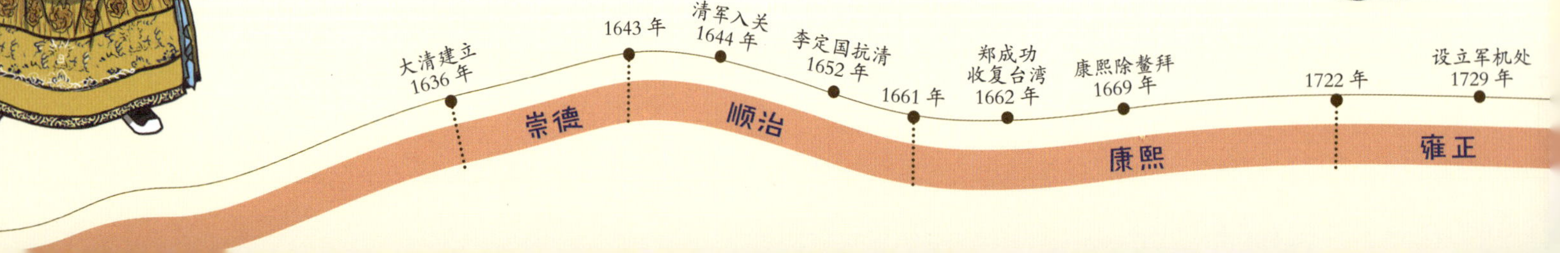

繁荣多彩的文化
叱咤风云的权臣
纪昀
《四库全书》总纂修官
《四库全书》
耗时13年编成
基本上囊括了
中国古代所有图书
中俄尼布楚条约待议地区
多尔衮
清朝开国功臣
鳌拜
清初权臣
晚年结党营私
和珅
清朝大贪官
齐齐哈尔
乌里雅苏台
黄马褂
清代官服
也赐予有军功
的臣下
紫禁城
即故宫，清代皇家宫殿
满汉全席
清朝时的宫廷盛宴
《康熙字典》
康熙年间出版的字典
盛京
今沈阳
沈阳故宫
清朝初期的皇宫
清
京师
今北京
黄
河
军机处
相当于皇帝
的私人秘书处
济南府
雍和宫
出了雍正和
乾隆两位皇帝
西安府
秦
岭
苏州府
施琅
清朝初期大将
率军攻取台湾
成都府
武昌府
杭州府
大
江
广州府
黄宗羲
清初著名思想家
徽商
即徽州商帮
清代初期达到鼎盛
吴三桂
明末将领
献关降清
后被削藩
云南府
今昆明
广州府
南海诸岛
735 年
闭关锁国
1757 年
白莲教起义
1785 年
1795 年
1820 年
1850 年
1861 年
1875 年
1908 年
1912 年
乾隆
嘉庆
道光
咸丰
同治
光绪
宣统

清朝简史

甲 创建八旗

明朝后期，女真族不断壮大，努尔哈赤创立了八旗制度，提高了军队战斗力，后来建立了后金政权。八旗包括黄、白、红、蓝、镶黄、镶白、镶红、镶蓝，共八旗，年壮的男子战时皆兵，平时皆民。

皇太极在位时增设蒙古八旗和汉军八旗。顺治帝亲政后直管三旗，于是形成了上三旗与下五旗。

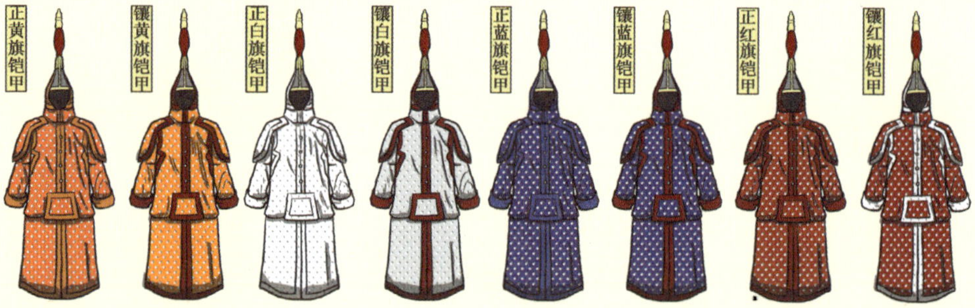

乙 清军入关

1644 年，李自成的农民起义军占领了明朝的都城北京，清军联合驻守山海关的明将吴三桂又打败李自成，趁机入关，占据了北京。随后，清军南下，建立了对全国的统治。顺治帝是清军入关后的第一位皇帝。

丙 文字狱

清朝统治者为防止知识分子和汉人的反抗，从其作品中摘取字句，罗织罪名，构成冤狱，这就叫作“文字狱”。文字狱贯穿整个清朝，严重禁锢了思想，堵塞了言路，阻碍了科学文化的发展。

丁 郑成功收复台湾

郑成功是明末清初的军事家和民族英雄。他率领军队在中国东南沿海抗击清军。1661 年他率军横渡台湾海峡，从荷兰殖民者手中收复了台湾。1683 年，台湾归入清朝的版图。

戊 平定噶尔丹

康熙时，天山北路的蒙古族准噶尔部首领噶尔丹在俄国的唆使下，发动叛乱，越过天山攻占回部，向东攻占了许多地区。为了维护国家的统一，康熙皇帝三次率军亲征，在多次战役中打败噶尔丹，平定了叛乱，稳定了西北部边疆地区。

己 设立军机处

清朝初年，议政王大臣会议拥有很大决策权。后来康熙设置南书房草拟谕旨，雍正设立临时军机处，处理西北军务。后来军机处变成常设机构，皇帝选派军机大臣，拟旨后不经内阁直接执行。这样军政大权全部归于皇帝一人。

庚 闭关锁国

闭关锁国是不与外界接触的一种国家政策。清政府为了防范西方殖民主义者，且对自己经济和政治实力过分盲目自大，长期实行这一政策。乾隆年间，只保留“广州十三行”经营对外贸易，闭馆锁国政策更加严厉。闭关锁国使中国慢慢落后于世界历史的发展进程。

辛 虎门销烟

清朝后期，我国人民深受鸦片的毒害，清朝政府委任钦差大臣林则徐在广东虎门集中销毁鸦片，这一行为损害了英国走私鸦片获得的暴利。英国政府以此为借口，决定派出远征军侵华，随后第一次鸦片战争爆发。

壬 第一次鸦片战争

第一次鸦片战争是中国近代史的开端。战争前期中国军民奋起抵抗，沉重打击了英国侵略者，但是腐朽的封建制度抵抗不住英国的侵略，战争以中国失败并赔款割地告终。这场战争使中国开始沦为半殖民地半封建社会，丧失独立自主的地位。

癸 太平天国运动

鸦片战争的失败，加深了清政府的危机，激化了国内阶级矛盾，加上天灾人祸，广大农民饥寒交迫，终于在1851年爆发了洪秀全领导的大规模的太平天国农民起义。但1864年，随着太平天国首都天京的陷落，运动失败了。

子 慈禧垂帘听政

1861年8月，咸丰帝病死，同治帝继位。同治帝的生母被尊为慈禧太后，咸丰帝皇后被尊为慈安太后。慈禧太后与慈安太后密谋铲除顾命八大臣，并与外国侵略者所支持的奕䜣相勾结，拉拢握有兵权的胜保等人，夺取了实际的最高统治权。

丑 洋务运动

洋务运动是晚清洋务派进行的一场引进西方军事装备、机器生产和科学技术以维护封建统治的自救运动。洋务运动进行30多年，虽然没有使中国富强起来，却引进了西方先进的科学技术，使中国出现了第一批近代企业，在客观上对中国民族资本主义的产生和发展起到了促进作用。

寅 甲午中日战争

明治维新的日本开始走上资本主义道路，对外积极侵略扩张，而此时的清朝是一个通过洋务运动回光返照的国家，政治十分腐败，国防军事外强中干。1894年7月丰岛海战爆发，甲午战争开始，由于日本蓄谋已久，而清朝仓皇迎战，这场战争以中国战败、北洋水师全军覆没告终。

卯 戊戌变法

1898年，维新派人士通过光绪帝进行倡导学习西方，提倡科学文化，改革政治、教育制度，发展农、工、商业，史称戊戌变法。变法损害了以慈禧太后为首的守旧派利益，所以遭到强烈抵制与反对，历时103天后失败了。

诸子百家

春秋战国时期，出现了各种学术派别，形成诸子百家争鸣的繁荣局面。流传中最为广泛的是法家、道家、墨家、儒家、阴阳家、名家、杂家、农家、小说家、纵横家、兵家、医家。几经周折，儒家思想在中国得到了全面发展，甚至影响到与中国相邻的国家。

孔子周游列国

孔子曾带领部分弟子周游列国14年。

儒家

儒家认为重教化、轻刑罚是国家安定、人民富裕幸福的必由之路。主张对统治者和被统治者都应该进行教育，使全国上下都成为道德高尚的人。在政治上，还主张以礼治国，以德服人。

孔子

他是儒家的创始人，被后世尊为“万世师表”，也被称为“圣人”。晚年潜心讲学和著书，与弟子重新编订了“五经”，撰写了《春秋》。《论语》是孔子的“言行录”，是儒家学说的必读经典。

孟子

孟子以孔子的继承者自任，招收弟子，并且游历列国，宣扬“仁政”“王道”的主张，提倡“民为贵，社稷次之，君为轻”。

孟母三迁

孟子的母亲为选择良好的环境教育孩子，多次迁居。

荀子

荀子虽是儒家的继承人，但他并没有盲目地将儒家学说全盘接收。反之，荀子将儒家学说融会贯通并加以发挥，提出了“性本恶”等影响后世深远的学说。

董仲舒

董仲舒是西汉著名思想家。他提出了天人感应、三纲五常等重要儒家理论。他“罢黜百家，独尊儒术”的主张被汉武帝采纳，使儒学成为中国社会正统思想，影响长达两千多年。

朱熹

朱熹是儒学集大成者，被尊称为朱子。他的思想对元、明、清三朝影响很大，成为三朝的官方哲学。他的《四书章句集注》成为钦定的教科书和科举考试的标准。

朱熹讲学

朱熹一生热心于教育事业，孜孜不倦地授徒讲学。

王阳明

王阳明是主观唯心主义哲学家，主张“知行合一”，用良知来支配自己的行为实践。王阳明的思想在明代影响很大，还传至日本、朝鲜半岛以及东南亚。

道家

道家以“道”为核心，认为大道无为，主张道法自然。

老子

道家的理论奠定于老子，他的思想被记录在《道德经》一书中。老子在书中提出了众多的政治、社会与人生哲学观点，他主张“无为而治”。

墨家

墨家的主要思想是：人与人之间平等地相爱（兼爱），反对侵略战争（非攻），推崇节约、反对铺张浪费（节用），重视继承前人的文化财富（明鬼），掌握自然规律（天志）等。

墨子

墨子是墨家学派的创始人，是中国历史上唯一一个农民出身的哲学家。他的思想以兼爱为核心，以节用、尚贤为支点，在先秦时期影响很大。其弟子根据墨子生平事迹的史料，收集其语录，完成了《墨子》一书。

庄子

庄子学识渊博，交游很广，道家学派的代表人物。他淡泊名利，楚王曾派使者赠以千金请他做宰相，被他拒绝。庄子著有《庄子》一书，其中的名篇有《逍遥游》《齐物论》等。

庄周梦蝶

庄子梦见自己变成了蝴蝶，忘记了自己原来是人，醒来后才发觉自己仍然是庄子。他开始思考，究竟是自己梦中变为蝴蝶，还是蝴蝶梦中变为自己，实在难以分辨。

兵家

兵家重点在于指导战争，在不得不运用武力达到目的时，怎么样去使用武力。

孙武

孙武是兵家的创始人。他的著作《孙子兵法》为中国最杰出的兵书，并深受世界各地所重视。

孙膑

孙膑是孙武的后代，他继承和发展了孙武的军事理论，提出了以寡胜众、以弱胜强的战法，主张根据不同地形，创造有利的进攻形势，重视对城邑的进攻和对阵法的运用。写有《孙膑兵法》一书。

田忌赛马

孙膑指导田忌用一场败而两场胜的方式赢了赛马，揭示如何善用自己的长处去对付对手的短处。

法家

法家是以提倡法制为核心思想的重要学派，以富国强兵为己任，法家思想对现代法制的影响也很深远。

商鞅

商鞅是法家的代表人物。他通过变法使秦国成为富裕强大的国家。

韩非

韩非是法家思想的集大成者。他积极倡导君主专制主义理论，为专制君主提供了富国强兵的思想。

帝王将相

在中国五千年的文明历史中，出现了很多文武兼备的盛世明君，在他们的统治下国家强盛，经济发达，百姓安居乐业。也出现过很多著名的将领，他们征战四方，保家卫国。更有很多有学识的名相，他们为帝王出谋划策，辅佐帝王建功立业。你都知道哪些呢？

著名帝王

秦始皇

秦始皇是中国历史上第一位皇帝。他把中国推向了大一统时代，他认为自己的功劳胜过之前的三皇五帝，所以采用了“皇帝”的称号，自称“始皇帝”。

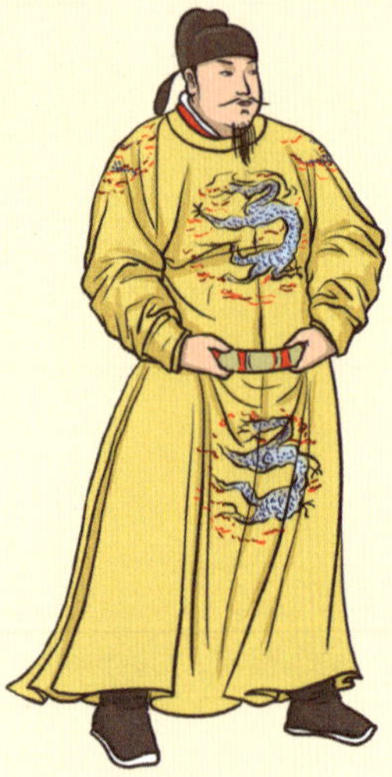

唐太宗

唐太宗任用贤能，虚心纳谏，开创了历史上著名的贞观之治。他征服了突厥、高昌等周边民族政权，被各族人民尊为天可汗，为后来唐朝的盛世局面奠定了基础。

宋太祖

宋太祖就是赵匡胤，他在五代十国的后期屡建战功，随后在“陈桥兵变”中被拥立为帝，成了北宋的开国皇帝。

康熙

康熙是中国历史上在位时间最长的皇帝。少年时就除掉了权臣鳌拜，后来陆续收复台湾、削平三藩、平叛噶尔丹，还组织两次收复雅克萨之战，迫使俄国同意签订《尼布楚条约》。他是中国统一的多民族国家的捍卫者，开创出康乾盛世的局面。

明太祖

朱元璋是明朝的开国皇帝，即明太祖。他出身贫苦，曾经为地主放牛，还当过和尚。他后来参加了反抗元朝的起义军，并最终从众多豪杰中脱颖而出，当了皇帝。

成吉思汗

成吉思汗 1206 年建立了蒙古汗国，此后多次发动对外征服战争，征服地域西达中亚、东欧的黑海海滨。是古今中外著名的历史人物。

汉武帝

汉武帝在位 54 年，对内巩固皇权，对外开疆拓土。他主动出击，征伐匈奴。他还派张骞出使西域，打通了丝绸之路。他开创了汉武盛世的局面。

著名武将

韩信

韩信经过萧何的介绍，被刘邦拜为大将军。他用兵如神，接连攻下魏、代、赵、燕、齐等国，最终逼得项羽自刎。却在西汉建立后被解除兵权，最终被吕后与萧何设计杀害。

白起

白起是杰出的军事家，战国著名将领。曾征战六国，为秦国统一六国做出了巨大的贡献。曾在伊阙之战大破魏韩联军，攻陷楚国国都郢城，长平之战重创赵国主力，功勋赫赫。

著名文臣

姜子牙

姜子牙出身低微，前半生漂泊不定、困顿不堪，却满腹经纶、壮志凌云。他 72 岁时在渭水之滨钓鱼，遇到了求贤若渴的周文王，被封为相。后来他辅佐文王，兴邦立国，又帮助周武王灭掉了商朝。

王安石

王安石是北宋著名人物。他当了宰相后主持变法，却因守旧派反对，被罢相。一年后，又被再次起用，但又被罢相，随后退居江宁。1086 年，守旧派得势，他立的新法被废，病逝于钟山。

诸葛亮

诸葛亮在三顾茅庐后追随了刘备，并帮助刘备建立了蜀汉政权。他一生“鞠躬尽瘁、死而后已”，是中国传统文化中忠臣与智者的代表人物。

萧何

他曾辅佐刘邦起义，在楚汉战争时也发挥了重要作用，史称“萧相国”。后又协助刘邦消灭韩信、英布等异姓诸侯王。刘邦死后，他辅佐汉惠帝。

狄仁杰

狄仁杰是唐代的宰相，以不畏权贵著称。狄仁杰第一次当宰相时，在相位仅四个月便被诬陷谋反，夺职下狱被贬。但他的才能卓著，随后再次拜相。后犯颜直谏，力劝武则天复立李显为太子，使得唐朝社稷得以延续。

李鸿章

他是晚清名臣，北洋水师的创始人，洋务运动的主要领导人之一，曾经代表清政府签订了《越南条约》《马关条约》《中法简明条约》等。

张居正

明朝万历皇帝登基后，张居正被任命为内阁首辅。当时皇帝年幼，一切军政大事均由张居正主持裁决。他实行了一系列改革措施，并辅佐皇帝开创了“万历新政”。后为万历所忌，去世后被抄家，到明熹宗时才恢复名誉。

郭子仪

他是唐朝政治家、军事家，在平定安史之乱中发挥了重要作用。安史之乱后，他计退吐蕃，二复长安；说服回纥，再败吐蕃；威服叛将，平定河东。他戎马一生，功勋卓著。

岳飞

岳飞是抗金名将，率领岳家军同金军进行了大小数百次战斗，所向披靡。可惜，宋高宗、秦桧却一意求和，在宋金议和过程中，岳飞遭受秦桧等人的诬陷，惨遭杀害。

关羽

关羽是东汉末年名将，早期跟随刘备辗转各地，曾被曹操生擒，于白马坡斩杀袁绍大将颜良。后东吴吕蒙偷袭荆州，关羽腹背受敌，兵败被杀。

徐达

元朝末年，徐达参加了朱元璋领导的起义军，为推翻元朝统治立下了汗马功劳。他为人谨慎，善于治军，戎马一生，建立了不朽的功勋，是明朝开国第一功臣。

科技的发展

火药

火药，是由火花、火焰等引起剧烈燃烧的药剂。火药的发明是中国古代人民长期炼丹、制药实践的结果，至今已有一千多年历史。唐朝末年，火药被用于军事。

四大发明

活字印刷术

活字印刷术是北宋毕昇发明的一种印刷方法。先制成单字的字模，然后按照稿件把单字挑选出来，排列在字盘内，涂墨印刷，印完后再将字模拆出，留待下次排印时再次使用。

造纸术

纸是中国古代劳动人民长期经验的积累和智慧的结晶，人类文明史上的一项杰出的发明创造。东汉蔡伦改进了造纸术。他用树皮、麻头及敝布、渔网等原料，经过挫、捣、抄、烘等工艺制造的纸，是现代纸的渊源。

指南针

指南针又称司南，可以辨别方向。它的发明对人类科学技术和文明的发展，起了无可估量的作用。在中国古代，指南针起先应用于祭祀、礼仪、军事和占卜与看风水时确定方位。

天文学

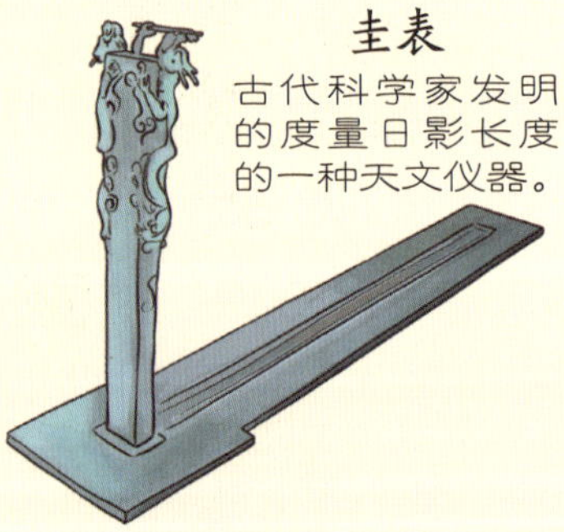

圭表

古代科学家发明的度量日影长度的一种天文仪器。

浑天仪

测量天体天象的仪器。

日晷

利用日影测量时刻的一种计时仪器。

地动仪

世界上第一架测验地震的仪器。

杂项

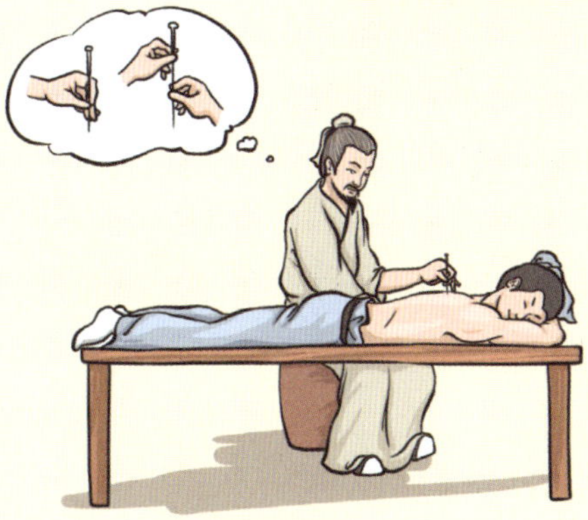

针灸

把针具刺入患者体内，对人体特定部位进行刺激来治疗疾病。

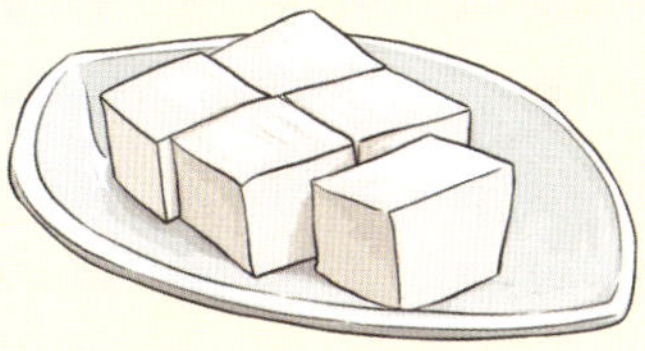

豆腐

淮南王刘安烧药炼丹的时候，偶然以石膏点豆汁，发明了豆腐。

麻沸散

华佗创制的用于外科手术的麻醉药。

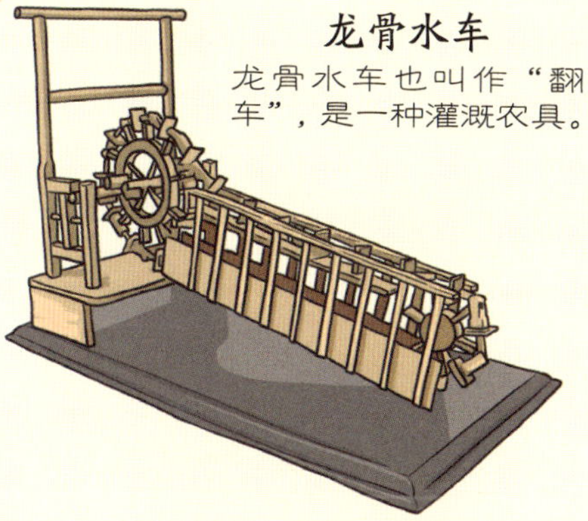

龙骨水车

龙骨水车也叫作“翻车”，是一种灌溉农具。

算盘

起源于北宋时的一种简便的计算工具。

农业

辘轳

利用轮轴原理制成的提水设施。

曲辕犁

唐代人民发明的一种轻便的耕犁。

水排

杜诗发明的一种利用水力鼓动风箱的工具。

手工业

造船术

从独木舟到各种船型，中国造船业一直在发展。

冶铸青铜

商代后期，青铜冶铸业发展至鼎盛，秦汉时期开始淡出历史舞台。

《授时历》

由元代郭守敬编订，是古代使用时间最长的一种历法。

纺织业

中国的纺织业有非常悠久的历史，且一直在发展中。

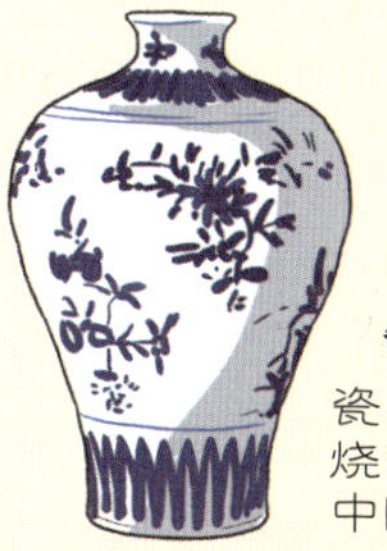

制瓷技术

瓷器是用瓷土烧制成的，是中国特产。

汉字的演变

仓颉造字

仓颉是轩辕黄帝史官，传说他根据野兽的脚印研究出了汉字，为中华民族的繁衍和昌盛做出了不朽的功绩。

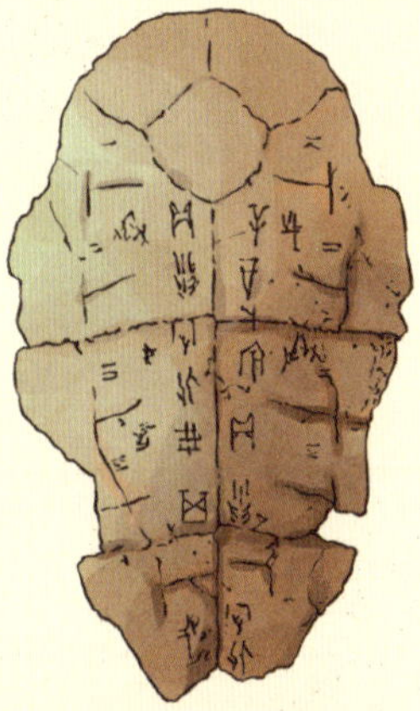

甲骨文

甲骨文是商朝后期王室占卜后记录在龟甲或兽骨上的文字，是中国现存最古老的一种成熟文字，因镌刻、书写于龟甲和兽骨上而得名。

金文

金文是指铸造在商周青铜器上的铭文，也叫钟鼎文。金文的内容大多是颂扬祖先及王侯的功绩，同时也记录重大历史事件。

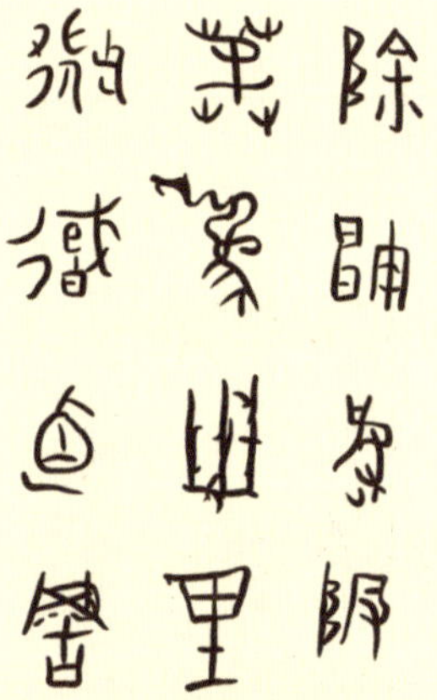

大篆（石鼓文）

大篆是西周晚期普遍采用的字体，包括秦国文字和六国文字。大篆形体结构比金文工整，开始摆脱象形的拘束，打下了方块汉字的基础。

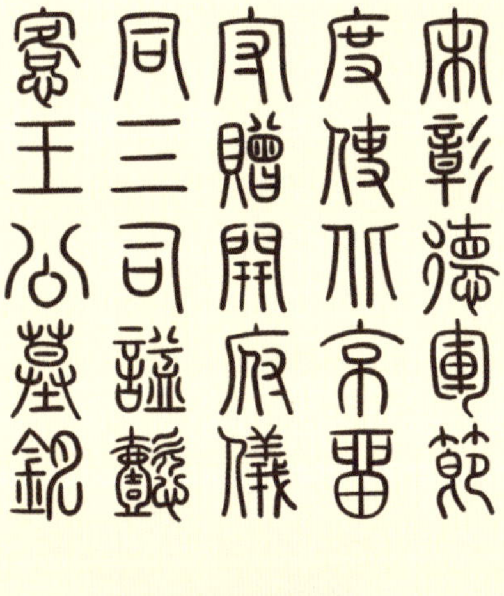

小篆

小篆是在秦始皇统一中国后，在秦国原来使用的大篆的基础上进行简化，创制的统一的汉字书写形式。小篆象形意味削弱，更加符号化，减少了书写和认读方面的混淆和困难。

隶书

隶书，有秦隶、汉隶等。它由篆书发展而来，字形多呈宽扁，横画长而竖画短。西汉末年，小篆逐渐被隶书所取代。汉隶在东汉时期达到顶峰，对后世书法有不可小觑的影响。

程邈

程邈是秦朝官员，得罪秦始皇后，被关进狱中。他在狱中无事可做，便一心钻研字体结构，十年后，终于创造出书写便利、又易于辨认的隶书来。

楷书

楷书由隶书逐渐演变而来，更趋简化，横平竖直。这种汉字字体端正，始于汉末，通行至今，长盛不衰。

颜真卿

颜真卿是唐朝杰出的书法家，他的正楷端庄雄伟，创立了“颜体”楷书，对后世影响很大。

欧阳询

欧阳询是唐朝著名书法家，楷书代表作有《九成宫醴泉铭》《皇甫诞碑》等。欧阳询还是一位书法理论家，他在长期的书法实践中总结了书法技巧，是中国书法理论的珍贵遗产。

柳公权

柳公权书法以楷书著称，与颜真卿齐名，人称“颜柳”。他的书法初学王羲之，后来吸取了颜真卿、欧阳询的长处，自创了“柳体”，后世有“颜筋柳骨”的美誉。

赵孟頫

赵孟頫是南宋末至元初著名书法家。他精通各体书法，以楷书最为擅长。他的书风秀逸，结体严整，笔法圆熟。

草书

草书是为了书写简便在隶书基础上演变出来的，特点是结构简省、笔画连绵，形成于汉代。

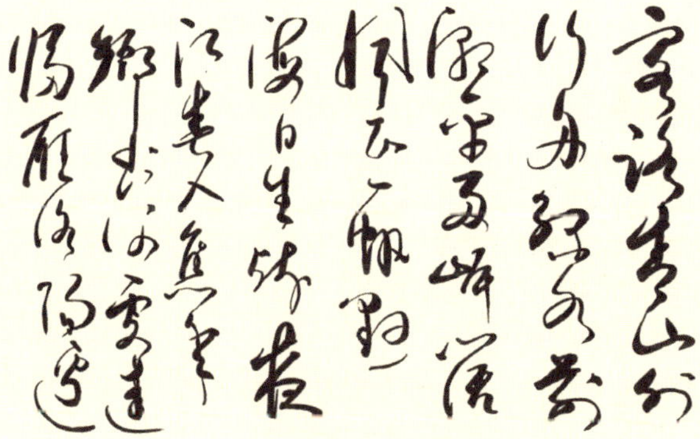

张旭

张旭以草书著名，特别喜欢喝酒。据记载，每次醉酒后号呼狂走，拿笔挥洒写字，被称为张颠。他被后世尊称为“草圣”。

怀素

怀素是唐代书法家，以书法“狂草”著称。他自幼出家为僧，爱好书法。他与张旭齐名，合称“颠张狂素”。

行书

行书是一种统称，分为行楷和行草两种。它是在楷书的基础上发展的，介于楷书、草书之间的一种字体，是为了弥补楷书的书写速度太慢和草书的难于辨认而产生的。王羲之、王献之、苏轼、黄庭坚、祝允明等都是行书大师。王羲之的《兰亭序》、颜真卿所书《祭侄稿》、苏轼的《黄州寒食帖》被称为“天下三大行书”。

王羲之

王羲之是东晋时期著名书法家，有“书圣”之称。他的书法自成一家，风格平和自然，笔势委婉含蓄，遒美健秀。代表作《兰亭序》被誉为“天下第一行书”。

文学的繁荣

中国文学有数千年悠久历史，以特殊的内容、形式和风格构成了自己的特色。它以多样的形式、众多的作家、丰富的作品、独特的风格、鲜明的个性成为世界文化宝库中光彩夺目的瑰宝。

楚辞

《楚辞》全书以屈原的作品为主，是中国第一部浪漫主义诗歌总集。因此，楚辞也被认为是屈原创作的一种新诗体，对后世诗歌产生深远影响。

屈原

屈原是中国历史上第一位伟大的爱国诗人，中国浪漫主义文学的奠基人，“楚辞”的创立者和代表作者，主要作品有《离骚》《九歌》《九章》《天问》等。

汉赋

汉赋是在汉朝涌现出的一种有韵的散文，是当时最流行的文体，盛极一时。汉赋的内容可分为五类：一是渲染宫殿城市；二是描写帝王游猎；三是叙述旅行经历；四是抒发不遇之情；五是杂谈禽兽草木。

贾谊

贾谊是西汉初年著名政论家、文学家。他的辞赋形式趋于散体化，是汉赋发展的先声，以《吊屈原赋》《鵩鸟赋》最为著名。

张衡

张衡除了是著名的天文学家和发明家外，他的辞赋也很出名，代表作是《二京赋》和《归田赋》。

司马相如

司马相如的代表作是《子虚赋》。他的作品辞藻富丽，结构宏大，他是汉赋的代表作家，后人称之为“赋圣”和“辞宗”。

骈文

骈文起源于汉末，形成并盛行于南北朝。它是一种以字句两两相对而成篇章的文体，常用四字句、六字句。

庾信

庾信是骈文的代表作家，他的代表作《哀江南赋》，一方面描写了自己身世之悲，一方面则谴责了梁朝君臣的昏庸，表达对故国怀念之情。

白居易

白居易的诗歌题材广泛，形式多样，语言平易通俗。代表诗作有《长恨歌》《卖炭翁》《琵琶行》等。

唐诗

唐诗把我国古曲诗歌的音节和谐、文字精练的艺术特色，推到前所未有的高度，为古代抒情诗找到一个最典型的形式，至今还为人们所喜闻乐见。

孟浩然

孟浩然是唐朝著名山水田园派诗人，题材多写青山白云、幽人隐士；风格多恬静雅淡，富有阴柔之美。代表作有《过故人庄》等。

李白

李白是唐朝著名浪漫主义诗人，以抒发个人情怀为中心，咏唱对自由人生和个人价值的渴望。诗词自由、奔放、顺畅、想象丰富、气势宏大。代表作有《望庐山瀑布》《行路难》《早发白帝城》等多首。

宋词

宋词也称曲子词、诗余，是宋代文学的最高成就。它的句子有长有短，便于歌唱。宋词主要分为豪放派和婉约派两大派别，苏轼、辛弃疾、李清照等人是宋词文学的代表人物。

柳永

柳永是第一位对宋词进行全面革新的词人，也是两宋词坛上创用词调最多的词人，雅俗并陈。

苏轼

苏轼是北宋大文学家，他对词体进行了全面的改革，提高了词的文学地位，使词从音乐的附属品转变为一种独立的抒情诗体，从根本上改变了词史的发展方向。

李清照

李清照是宋代女词人，婉约词派代表，有“千古第一才女”之称。她善用白描手法，自辟蹊径，语言清丽。

辛弃疾

辛弃疾是南宋爱国词人，艺术风格多样，以豪放为主。他的词多表达力图恢复国家统一的爱国热情，倾诉壮志难酬的悲愤，也有不少吟咏祖国河山的作品。

元曲

元曲是盛行于元代的一种文艺形式，包括杂剧和散曲。杂剧是戏曲，散曲是诗歌。

马致远

马致远是我国元代时著名大戏剧家、散曲家，代表作有《汉宫秋》《青衫泪》。

关汉卿

关汉卿是元代杂剧作家，中国古代戏曲创作的代表人物，《窦娥冤》等是他的代表作。

明清小说

小说是伴随城市商业经济的繁荣而发展起来的，明清是中国小说史上的繁荣时期，这些小说以前所未有的广度和深度反映了当时社会生活的各个方面。

《水浒传》

《水浒传》描述了北宋年间以宋江为首的一百零八人被逼上梁山，“替天行道”的故事。它的情节曲折，善于在叙事中刻画人物，是中国第一部用通俗口语写成的长篇小说。

《西游记》

《西游记》是取材于唐代僧人玄奘去天竺取经事迹改写而成的神话小说。该书想象丰富，手法浪漫，语言诙谐，在白话小说中独树一帜。

杜甫

杜甫是唐朝著名现实主义诗人，诗歌风格沉郁顿挫，多表现忧时伤世、悲天悯人的情怀。他创作了《春望》“三吏”“三别”等名作。

《红楼梦》

《红楼梦》是中国现实主义文学的经典之作。该书以贾宝玉与林黛玉、薛宝钗的爱情与婚姻悲剧为主要线索，描写了贾氏家族由盛而衰的历史，反映出进入末期的中国封建社会不可避免的崩溃结局。

《三国演义》

《三国演义》生动描述了东汉末年群雄割据，三国鼎立，最后司马氏统一天下的复杂历史。结构宏伟，场面壮观，人物众多，语言半文半白。

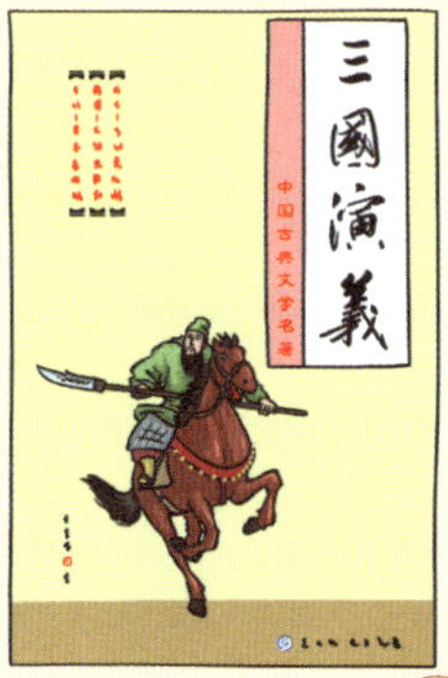

文化的昌盛

中国文化博大精深，繁荣多彩，无论是国画、书法，还是音乐、歌舞，无论是雕刻、建筑，还是瓷器、漆器，都大放异彩。这里仅选部分艺术形式来展示中国古代文化的昌盛。

绘画

《游春图》
展子虔作品
中国现存最古老的山水画

《洛神赋图》
人物画的鼻祖顾恺之的代表作

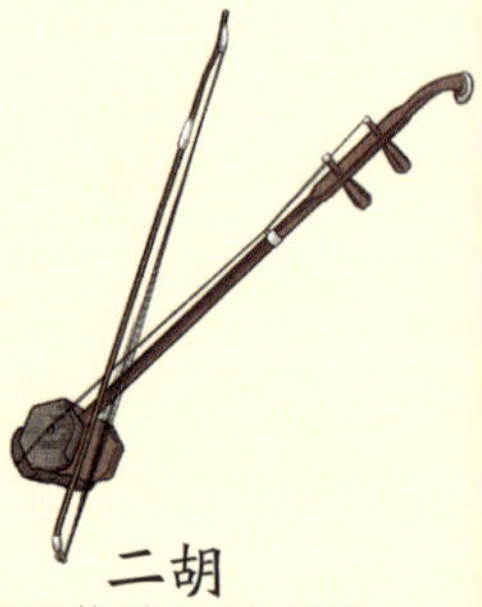

二胡
中国传统拉弦乐器
以音色柔美抒情著称

《富春山居图》
中国文人画的代表

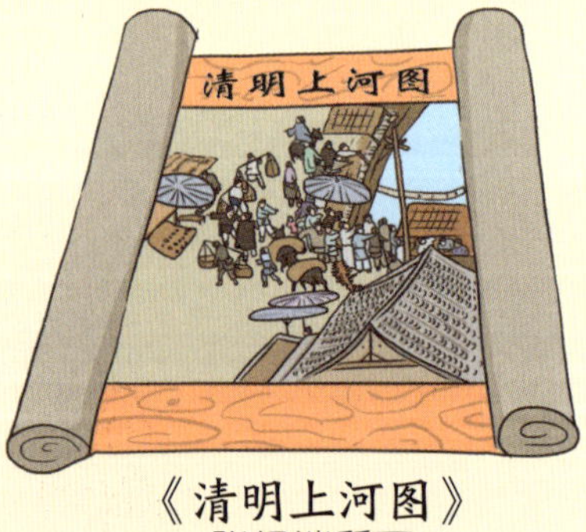

《清明上河图》
张择端所画
中国风俗画的代表

吴道子
被誉为“画圣”

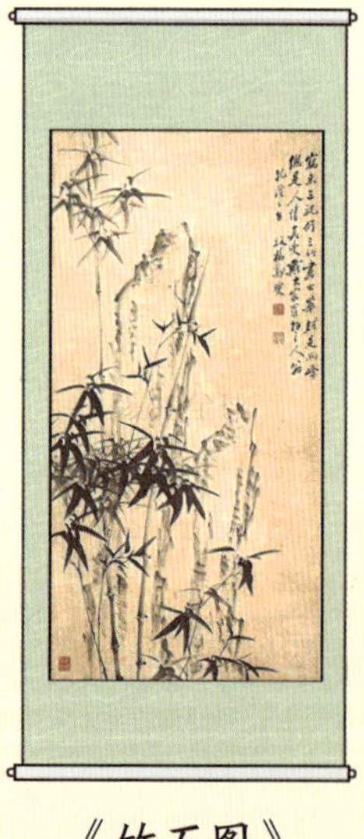

《竹石图》
郑板桥所画
书画交融
风韵超然

乐舞

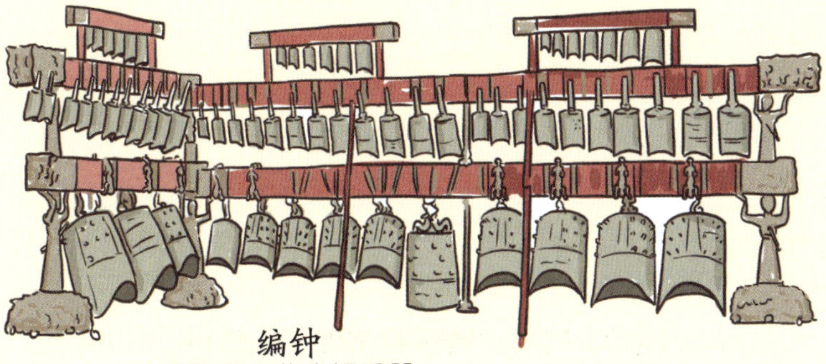

编钟

编钟是古代青铜乐器
曾侯乙墓出土的大型编钟
改写了世界音乐史

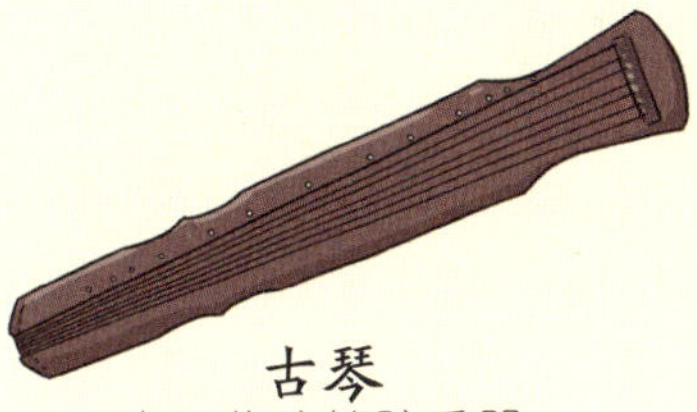

古琴

中国传统拨弦乐器
有3000年以上历史
乐品清和淡雅

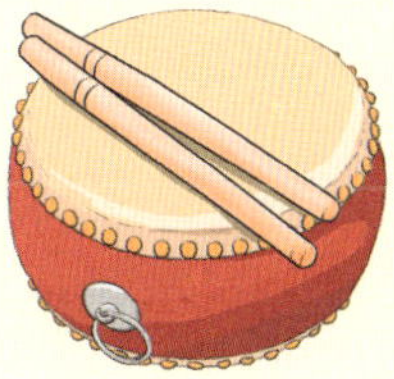

鼓

中国传统打击乐器
种类多样

剑舞

唐代剑舞兴盛
裴旻高超的剑舞
是唐代三绝之一

竹笛

中国广为流传的吹奏乐器
历史悠久
发音动情、婉转

霓裳羽衣舞

唐代的宫廷乐舞
唐玄宗作的曲

戏剧

皮影戏

北宋就开始盛行的
戏剧艺术

昆曲

中国最古老的剧种
形成于明代中期

京剧

清代形成
并快速发展

器物

漆器

汉朝开始兴盛
种类多 造型美

陶器

历史悠久
在日用、建筑、陪葬
等领域常被使用

瓷器

唐三彩、元青花、斗采
等丰富多样的瓷器
构成了灿烂的瓷器文化

珐琅器

包括景泰蓝等种类
是精美的艺术品

古代兵器

中国古代有“十八般武艺”之说，其实是指十八种兵器。有一种说法是指“九长九短”。九长为：枪、戟、棍、钺、叉、镗、钩、槊、环；九短为：刀、剑、拐、斧、鞭、锏、锤、棒、杵。但中国的兵器远不止十八种，如果加上各种奇门兵器和形形色色的暗器，其总数不下百种。你都知道哪些呢？

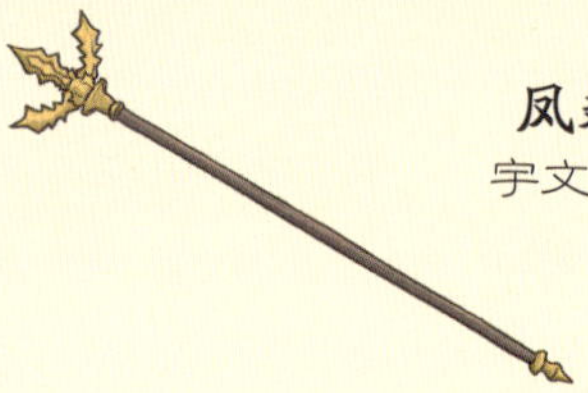

凤翅镏金镋
宇文成都的武器

杨家枪
杨家将们都非常善用枪

盾
防御武器

越王勾践剑
春秋时期越王勾践的配剑

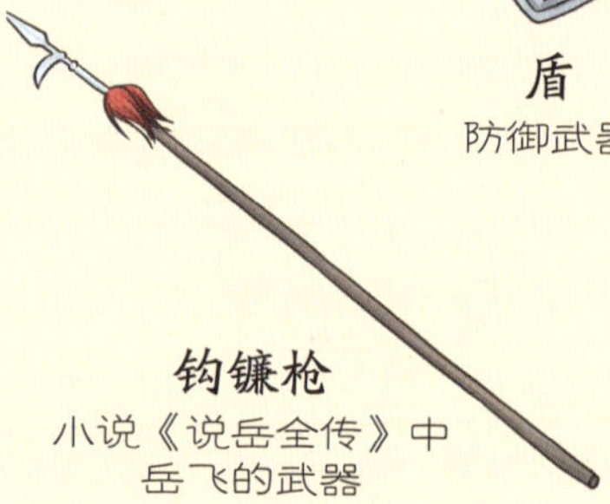

钩镰枪
小说《说岳全传》中
岳飞的武器

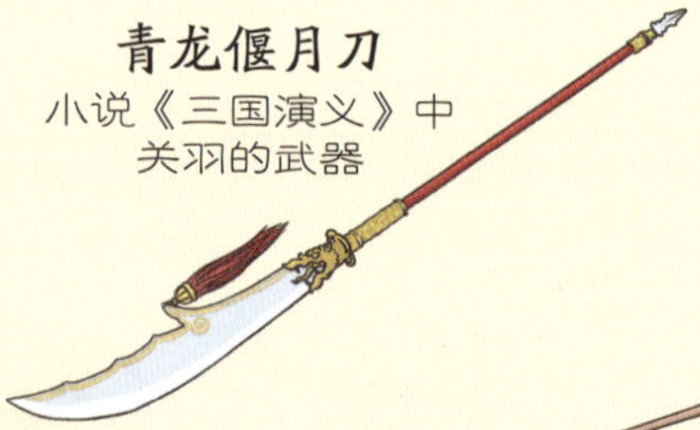

青龙偃月刀
小说《三国演义》中
关羽的武器

板斧
李逵的兵器

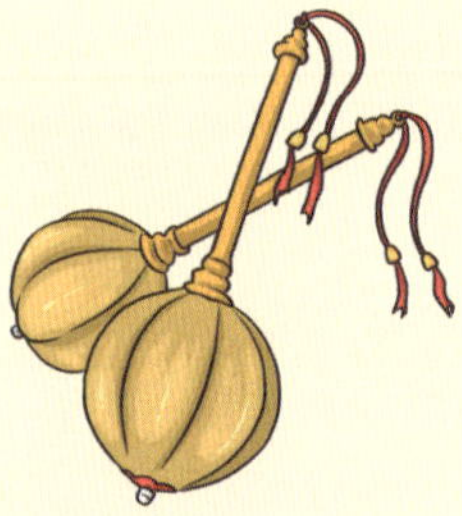

擂鼓瓮金锤
李元霸的心爱兵器

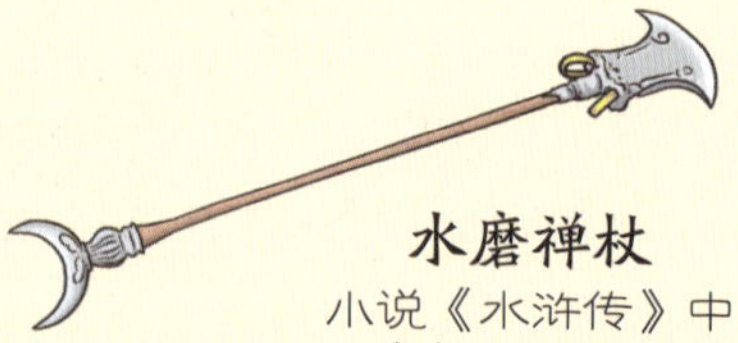

水磨禅杖
小说《水浒传》中
鲁智深的武器

盘龙棍
双节棍的前身
传说是宋太祖发明的

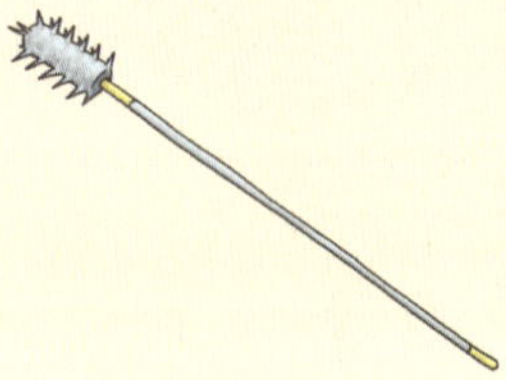

狼牙棒
小说《水浒传》中
秦明的武器

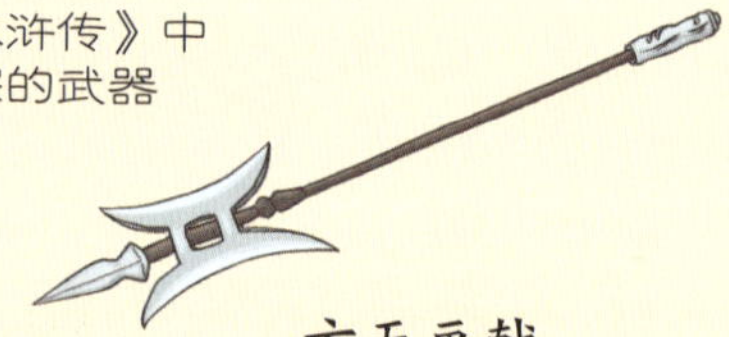

方天画戟
小说《三国演义》中
吕布的武器

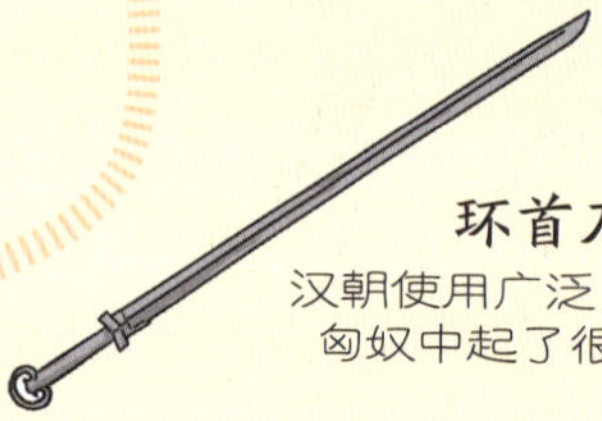

环首刀
汉朝使用广泛，在打败
匈奴中起了很大作用

战马

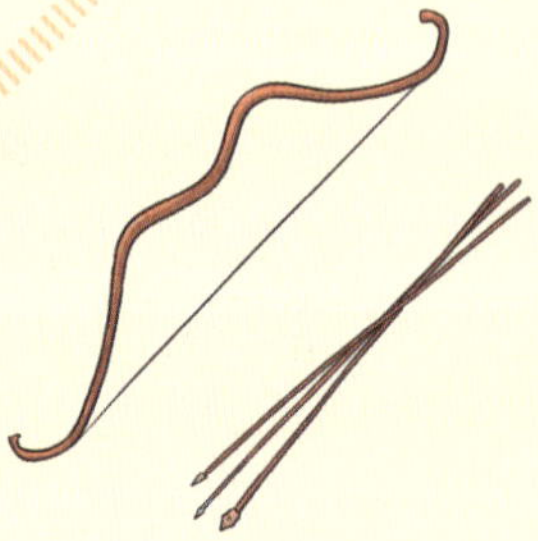

弓箭
一种远射兵器

诸葛连弩
诸葛亮发明的
一次能发射十支箭

战船

战车

火药武器
威力很大